ANKERHERZ

DAS MUSS DAS BOOT ABKÖNNEN

*DURCH STURM UND KRISE.
WAS WIR VON KAPITÄNEN LERNEN KÖNNEN*

Originalausgabe, Januar 2023

Titelgestaltung: Susanne Schmaus, Berlin
Buchgestaltung und Satz: Daniela Greven, Berlin
Lektorat: Olaf Kanter, Hamburg
Titelfoto: Geboren Wustmann, Bremen
Korrektorat: Sarah Schroepf, Losheim am See

Druck und Bindung: Friedrich Pustet GmbH, Regensburg
Gedruckt auf FSC-zertifiziertem, holz- und säurefreiem Papier
der Firma Munkedals, Schweden.
Printed in Germany.

Bibliografische Informationen der Deutschen Nationalbibliothek:
Die Deutsche Nationalbibliothek verzeichnet diese Publikation
in der Deutschen Nationalbibliografie; detaillierte bibliografische
Angaben sind im Internet unter http://d-nb.de abrufbar.

Ankerherz Verlag GmbH, Hollenstedt
info@ankerherz.de
www.ankerherz.de

ISBN 978-3-945877-53-1

DAS MUSS DAS BOOT ABKÖNNEN

DURCH STURM UND KRISE. WAS WIR VON KAPITÄNEN LERNEN KÖNNEN

EVERY SAILOR KNOWS THAT THE SEA
IS A FRIEND MADE ENEMY

AND EVERY SHIPWRECKED SOUL KNOWS WHAT IT IS
TO LIVE WITHOUT INTIMACY

I THOUGHT I HEARD THE CAPTAIN'S VOICE
BUT IT'S HARD TO LISTEN WHILE YOU PREACH

LIKE EVERY BROKEN WAVE ON THE SHORE
THIS IS AS FAR AS I COULD REACH

U2, EVERY BREAKING WAVE

MUT STATT WUT

Ich erreiche den Kapitän des Krabbenkutters über sein Mobiltelefon an Bord seines Kutters in der Deutschen Bucht. In der Nacht zuvor, wenige Stunden ist es her, hat er einem Segler das Leben gerettet – und sein eigenes Leben dafür riskiert. Doch eigentlich möchte er gar nicht darüber sprechen. Seine Frau daheim in Fedderwardersiel, die ich zuerst am Telefon hatte, wusste gar nichts von der, nennen wir es, was es ist: Heldentat. Söhnke hatte was? Jemanden aus einer Gefahrenzone geholt?

„Was ich getan habe, das ist doch nicht der Rede wert", beschwichtigt Söhnke Thaden, der Kutterkapitän, im Hintergrund höre ich Möwen über der Nordsee schreien. „Das ist selbstverständlich."

Doch ganz so selbstverständlich ist es eben nicht, in das Fahrwasser der Ozeanriesen auf der Außenweser vor Bremerhaven zu fahren, in der Finsternis kurz vor Mitternacht, um eine Jacht zu schleppen. Im Wissen, dass die Verkehrszentrale ein Zeitfenster von maximal fünfzehn Minuten angab. So lange würde es ungefähr dauern, bis die „Magleby Maersk" eintraf. In der schmalen Fahrrinne konnte der 400 Meter lange Großcontainerfrachter unter keinen Umständen ausweichen und schon gar nicht bremsen. An Bord der Jacht war der Strom ausgefallen. Das kleine Boot war also unsichtbar. Der Ozeanriese wäre einfach drübergefahren. Kein Seemann an Bord der „Magleby Maersk“ hätte es überhaupt bemerkt.

So aber eilte Skipper Söhnke Thaden sofort zu Hilfe, als er den Notruf hörte. Er ist Fischer, seit er 17 wurde, wie sein Vater, sein Großvater und Männer seiner Familie seit fünf Generationen. Ein Segler in Lebensgefahr? Er holte sofort die Netze ein und hielt mit allem, was sein kleiner Kutter hergab, auf die Position des Havaristen zu. Der verzweifelte Segler leuchtete mit dem Lämpchen seines Handys in die Finsternis über der Nordsee. Fischer Thaden entdeckte ihn, stellte eine Leinenverbindung her und beruhigte den Mann. Ein Kreuzer der Seenotretter traf ein.

Dann wurde es eng.

Im Einsatzbericht der DGzRS heißt es wörtlich: *„Wie eine schwarze Wand zog der Containerriese an Kutter, Havarist und Seenotrettungskreuzer knapp vorbei“.* Diese Berichte sind für nüchterne Beschreibungen der Lage und nicht für Melodramatik bekannt. Im letzten Moment hatte der aufmerksame Lotse an Bord des Containerriesen den Kurs minimal geändert und so eine Kollision verhindern können.

Knapp fünfzig Meter Abstand waren es wohl gewesen, schätzt Thaden. Fünfzig Meter. Das ist so gut wie nichts auf See.

„Ohne die Fischer wäre der Einsatz anders ausgegangen“, sagen die Seenotretter. Sie schleppten die Jacht nach Hooksiel, wo sie in den Morgenstunden eintraf. Der Fischer Thaden war zu diesem Zeitpunkt schon wieder bei der Arbeit. Die Netze sind draußen, als ich mit ihm telefoniere.

Er sucht nach Garnelen.

Ich feiere diesen Kutterkapitän für seinen Mut und die Bereitschaft, für einen anderen Menschen, den er nicht kennt, alles zu riskieren. Für seine Empathie und für seine Art, hinterher damit umzugehen, für diese Bescheidenheit.

Ist sein Handeln selbstverständlich? Nach Jahren der Coronapandemie, nach dem Beginn eines Krieges in Europa, nach vielen Lügen, die Populisten verbreiten, ist es das eben nicht. Wo ist gesellschaftliches Miteinander in Deutschland geblieben? Wo ein Gefühl von Solidarität?

Während „Muss das Boot abkönnen“ entsteht, befindet sich das Land im Modus der Krise. Probleme werden ein Dauerzustand. Erst die Pandemie, die kein Ende zu nehmen scheint, dann der brutale Überfall Russlands auf die Ukraine. Fast täglich erreichen uns Nachrichten von Kriegsverbrechen, von Raketen auf Wohnhäusern, von vergewaltigten Teenagern, von Opas, die von Fahrrädern geschossen wurden. Dazu läuft schon lange ein hybrider Krieg Russlands gegen die Demokratien des Westens. Desinformation, Hetzkampagnen in den angeblich „Sozialen“ Medien, Verknappung von Energie. Populisten der extremen Parteien, vor allem der AfD, aber auch in Kreisen der Linken, sehen ihre Gelegenheit gekommen, die Ängste der Bevölkerung für ihre Zwecke zu instrumentalisieren.

Russlands Diktator bringt immer wieder den Einsatz von Atomwaffen ins Spiel. Was für eine Zeit, in der wir leben: eine Pandemie. Ein drohender Atomkrieg. Alle wirtschaftlichen Probleme, die daraus folgen. Und dazu die spürbaren Auswirkungen der Klimakrise.

Als Folge ist eine Verunsicherung zu spüren, was denn sonst? Auch deshalb schreibe ich dieses Buch. Ich finde, wir brauchen in dieser Lage mehr Vorbilder wie Kutterkapitän Thaden aus Fedderwardersiel. Jetzt heißt es: handeln und helfen und auf Kurs bleiben für das, was einem wichtig ist. Auch und gerade im Sturm, denn Schönwettersegeln bei leichter Brise mit Wind von achtern, das kann jeder. Es zählt, wenn ein Sturm aufzieht und es hart von vorne kommt.

Wir brauchen Mut statt Wut.

In einer Phase der Pandemie, in der weltweit schon Millionen Menschen an Covid verstorben waren und sich Müdigkeit breitmachte und die „Querdenker“ die Diskussionen mit aggressiver Dummheit dominierten, tauchte ein kleines Lied vom Meer auf, das ein großes Phänomen wurde. Ein junger Postbote aus einer Kleinstadt bei Glasgow hatte es auf der App TikTok hochgeladen und mit knapp einem Dutzend Follower geteilt. Den „Wellerman“, ein altes Seemannslied, das mehr als hundertfünfzig Jahre zuvor auf einem Walfangschiff gesungen wurde.

Inhaltlich geht es darin um das Zerlegen von Meeressäugern und das Warten auf ein Versorgungsschiff, das mit einem Nachschub Tee und Rum erwartet wird. Walfang und Schnaps. Auf den ersten Blick nicht Themen, von denen man vermutet, dass sie junge Menschen in Massen zum Mitsingen animieren.

Das Lied eroberte Platz 1 in den Charts in England, Deutschland und der Schweiz und hängte sämtliche Popstars ab. Kaum ein Song wurde häufiger gestreamt, gehört und vor allem, genau: mitgesungen. Die Welt sang den „Wellerman“, und es entstand ein eigenes Genre, ShantyTok genannt, angelehnt an die App. Der junge Postbote wurde ein Popstar und ein Song von 1850 ein internationaler Hit im Jahr 2021.

Wieso nur?

Ich denke, dass es um weit mehr ging als eine eingängige Melodie mit Klopfrhythmus. Es ging um das Gefühl, dass in dieser Phase der Pandemie alle gemeinsam in einem Boot saßen. Das Virus machte – so kam es einem zumindest für kurze Zeit vor – keinen Unterschied zwischen gesellschaftlichen Schichten, zwischen Arm und Reich, zwischen Tom Hanks und der Kassiererin im Supermarkt.

There once was a ship that put to sea
The name of the ship was the “Billy of Tea”
The winds blew up, her bow dipped down
Oh blow, my bully boys, blow (huh)

Dieses „Huh“, der kleine Zwischenrülps, der war auch nicht unwichtig, denn er gab dem Song eine archaische Note. Alle dürfen den „Wellerman“ mitsingen, aber bitte: Alle müssen auch mit ran. Alle ziehen jetzt an einem Tau, wie auf dem Walfänger, und die harte Arbeit wird leichter, wenn ein Lied gesungen wird. Notfalls eben auch mal schief, das ist doch ganz egal. Ein dreiminütiger, kollektiver Chor gegen Einsamkeit, gegen die Sorgen und den Frust. Drei Minuten, in denen es um Gemeinsinn und Gemeinsamkeit ging. *Oh blow, my bully boy, blow.* Drei Minuten gesungenes und gegröltes Plädoyer gegen die sogenannten Querdenker, die Trump-Fans, die Verschwörungstheoretiker und Zyniker. Eine inoffizielle Hymne, die nicht bestellt worden war und dennoch dankbar empfangen wurde. Schenk gefälligst Rum nach.

Lange hielt das Gefühl leider nicht an, und dass zeitgleich Hunderttausende echte Seeleute in Häfen und auf ihren Schiffen festhingen, fernab ihrer Heimat, weil sie nicht auf ihre Schiffe kamen, empfand mancher als zynisch. In Asien irrte ein Frachter mit einem elendig an Covid verstorbenen Kapitän aus Italien im Kühlraum wochenlang über die Meere, weil kein Hafen den Leichnam in Empfang nehmen wollte – und Europa sang den „Wellerman".

Dieses temporär wohlige Gefühl von Gemeinschaft, das dieses Seemannslied hinterließ, dieses Gefühl der Solidarität, das sollte man doch wiederbeleben können, irgendwie. Eine Gesellschaft funktioniert auch wie ein Schiff. Auf der Brücke der Kapitän mit seinen Offizieren, in einigen Ländern ausgewählt, in anderen nicht. Es gibt einige Passagiere, die es sich gut gehen lassen können, und andere, die nicht wissen, wie sie die Passage bezahlen sollen. Es gibt Seekranke, die man davon abhalten muss, Blödsinn zu machen. Und es gibt eine Menge Malocher im Maschinenraum.

Der „Wellerman" gab für einen kurzen Moment die Illusion, dass die Crew, wenn sie nur zusammenhält und das Schiff stabil genug ist, durch jeden Sturm kommt. So sagte mir das auch einer der Kapitäne, die in diesem Buch vorkommen. „Mit Seemannschaft, einer funktionierenden Crew und einem starken Schiff komme ich überall durch. Da muss man sich keine Sorgen machen", sagte mir Johannes Hritz, Trawlerkapitän aus Bremerhaven.

Lässt sich das nicht auf viele Situationen auf Land übertragen? Ich bin überzeugt, dass es so ist.

Die meisten Kapitäne, um die es in diesem Buch gehen soll, haben irgendwann in ihrem Leben auf See tief in den Abgrund geschaut. Die

Erfahrungen, die sie daraus zogen, sind wertvolle, und sie sind es wert, erzählt zu werden. Mehr als hundertfünfzig Seeleute habe ich im Laufe der Jahre interviewt, vielleicht waren es auch mehr. Ich habe nicht mehr mitgezählt. Angehörige schicken mir Seefahrtsbücher und Fotoalben, darunter war schon eine Sammlung aus dem Kieler Hafen von 1902. Ich empfinde es als Privileg, diese persönlichen Geschichten aufschreiben zu dürfen.

Mit Dutzenden Kapitänen war ich auch draußen auf See. Auf Frachtern, auf Fähren, auf Kreuzfahrtschiffen. Wir durchquerten die berüchtigte Drake-Passage zwischen Kap Hoorn und der Antarktis und gerieten südlich der Falklandinseln, auf dem Weg nach Buenos Aires, in einen furchtbaren Orkan. Beaufort 12. Wir fuhren rund um Spitzbergen, wo das Wetter auch nicht viel besser war. Auch auf der Tour von Hamburg nach New York City gab es fortlaufend zehn Windstärken und mehr von vorne, und als ich mit Kapitän Schwandt auf einer nach frittierten Schweineohren und Kraut müffelnden Fähre mit Lkw-Fahrern nach Klaipeda in Litauen unterwegs war, verwandelte sich selbst die Ostsee in ein gewaltiges Wellenbad. Wir scherzten, dass es irgendetwas mit mir zu tun haben musste. Anscheinend lockte ich den Sturm an. Wie ein unwissender Schiffsjunge in der alten Erzählung zu Zeiten der Windjammer, der mit seinem Pfeifen an Deck den Wind provoziert. Wofür es früher eine Tracht Prügel der älteren Matrosen setzte. Ich blieb verschont.

Doch mit stürmischen Reisen ging es weiter. Wobei ein Kapitän einen großen Sturm auf der Rückreise von Island nach Dänemark sogar zu einem Vorteil nutzte, was mich wirklich beeindruckte.

Wir waren mit der Skua-Tour nach Island unterwegs, auf dem Nordatlantik im Winter. Natürlich setzte es schlechtes Wetter, das war auch zu erwarten gewesen, doch es geriet ziemlich extrem. Wir lagen mit unserem Schiff in Tórshavn an der Pier, hockten in der Bar, tranken Kaffee und prüften die Wetter-App. Die digitale Karte leuchtete in allen Signalfarben, die Gefahr andeuten. Er konnte unmöglich auslaufen in diesen großen Wintersturm, oder? Doch dann vibrierte die

Islandfähre, das Bugstrahlruder arbeitete und drückte die Norröna weg von der Pier. Wenig später verließen wir den Windschutz der einsamen Inseln.

Einigen Passagieren an Bord war garantiert mulmig zumute, was nicht nur mit beginnender Seekrankheit zu tun hatte. Der Kapitän machte eine Durchsage über die Bordlautsprecher. Er habe beim Studium der Wetterkarten gesehen, dass der Sturm denselben Weg nehmen werde wie sein Schiff. Das Auge des Orkans bewege sich auf einem südöstlichen Kurs vorbei an den Shetlands und dann weiter Richtung Dänemark. Also werde er ins Auge vordringen, wo es deutlich ruhiger sei, und mit dem Sturm Richtung Dänemark fahren. Bis das Auge erreicht sei, könne es für kurze Zeit etwas ruppiger zugehen, dafür werde die Überfahrt insgesamt deutlich ruhiger.

Jemand in der Bar fragte: „Meint der das ernst?"

Er meinte es ernst, und es schaukelte ziemlich heftig, bis wir im Auge des Sturms ankamen. Via Bordinternet trafen Nachrichten über Facebook ein mit der Frage, welcher Teufelskerl denn bitte dieses Schiff steuere? Wir erlebten eine vergleichsweise ruhige Passage. Mit enormem Schwell, aber nicht zu starkem Wind und einem milchigen, irgendwie orangefarbenen, schwach rötlichen Licht. Es war, als führen wir stundenlang durch ein Gemälde von William Turner. Eine eigenartig schöne besondere Erfahrung auf See. Kurz vor Ende der Reise, als das Schiff schon nahe des Skagerraks war, meldete sich der Kapitän erneut. Der Sturm brachte uns natürlich nicht direkt in den Hafen von Hirtshals, deshalb gebe es nun etwas mehr „Bewegung im Schiff".

Wir hockten wieder in der Skybar mit Panoramascheibe oben auf Deck 10, als die Durchsage kam. Der Seegang nahm deutlich zu, von draußen drang das Röhren des Orkans herein. Mit einem Mal hob sich das Schiff mehr als bei den Bewegungen zuvor, noch einmal, und dann klatschte die Gischt einer Welle flächig gegen die Scheibe. Wie ein dumpfer Schlag. Eine Welle wie eine flache Hand. Auf Deck 10, also knapp dreißig Meter über der Wasserlinie. Zunächst sprach niemand ein Wort.

Ich holte eine Runde Drinks.

Wir liefen trotz des heftigen Sturms pünktlich im Zielhafen im Norden Dänemarks ein. Ich stand an Deck und sah zu, wie der Kapitän das Schiff im Hafenbecken an den engen Molen vorbeizirkelte. Die Möwen kreischten, eine Menge Trawler lagen an der Pier, vermutlich alle, die in Hirtshals stationiert sind, weil in diesem Orkan kaum jemand draußen auf See sein mochte.

Die Passagiere der großen Fähre zogen ihre Koffer über die Gangway von Bord. Wellen krachten auf die andere Seite der Hafenmauer, man musste sich in einigen Momenten gegen den Wind lehnen auf dem Weg zum Bus. Auf den Britischen Inseln starben drei Menschen durch Sturm „Arwen", der für Meteorologen ungewöhnlich war, weil er direkt aus Norden kam. Sie hatten sogar mit einer seltenen „Stufe Rot" vor dem Orkan gewarnt, auch wegen der extremen Wellen, die er aufschob. In Hunderttausenden Haushalten war der Strom ausgefallen, es schneite heftig, und im „Tan Hill Inn", einem Pub in den Yorkshire Dales, saßen mehr als 60 Wanderer fest. Zusammen mit einer Oasis-Coverband, ausreichend Bier und einem „Sunday Roast", wie die Eingeschlossenen während der Live-Schalten diverser Fernsehsender versicherten. Es gibt also deutlich schlechtere Orte, einen Sturm mit zwei Metern Schnee zu erleben.

Draußen auf See zum Beispiel.

Ich war nicht sicher, ob die Reisenden erkannt hatten, welche Leistung dieser Kapitän vollbracht hatte. Immer wieder dachte ich auch später darüber nach, denn in diesem Bild steckt so viel Metaphorik. Mit dem Sturm fahren, um doch sicher ans Ziel zu gelangen – das passt doch auch auf manche Probleme unserer Zeit. Der Angriffskrieg des russischen Diktators auf die Ukraine konnte nicht so hingenommen werden. Nach Sanktionen führte er zu einem Wirtschaftskrieg, zu abgeklemmten Nord-Stream-Gaspipelines und Ereignissen wie Sabotage auf dem Boden der Ostsee. Manches wird davon rasch vergessen sein, wie Nachrichten durchrauschen in dieser hektischen Zeit, in der alles rast und verschwimmt. Doch eines werden wir im Abstand einiger Jahre sehen: Den Prozess, sich von fossilen Brennstoffen und der Abhängigkeit von irgendwelchen Despoten zu lösen, hat es ungemein beschleunigt. Die Hauruck-Methode, von Russland, Saudi-Arabien und anderen Staaten wegzukommen, erfordert eine Menge Kraft und Geld. Wir müssen gewissermaßen rein ins Auge dieses Sturms, in der Erwartung, dass es auf dem Weg dorthin ordentlich rumpeln kann. Doch die Richtung stimmt – und wir kommen vielleicht schneller ans Ziel. Eine Gesellschaft, die das Klima schützt und die Rechte von Menschen achtet. Eine Gesellschaft, die Minderheiten respektiert, Faschismus ablehnt und mit ihren Nachbarn in Frieden leben will – aber dennoch wehrhaft ist, nach innen wie nach außen.

Bis es so weit ist, brauchen wir Mut und Zuversicht und eine klare Haltung.

Jetzt gilt es, das Land, in dem wir leben, in seiner jetzigen Form zu verteidigen. Ganz bequem wird das nicht gehen. Um es auf ein Schiff zu übertragen: Es ist nicht die Zeit fürs Sonnendeck, sondern harte Arbeit unter Deck.

Ich wundere mich über manche Debatten: Ist es wirklich ein Problem, die Heizung zwei Grad runterzudrehen in einer Lage, in der Marschflugkörper gezielt auf Wohnblöcke in Europa abgefeuert werden? Brauchen wir nicht mehr Fokus auch auf Feinde im Inneren? Wie kann es angehen, dass Figuren wie Björn Höcke, der gerichtsfest Faschist genannt werden darf und dessen Verbindungen in den Rechtsextremismus dokumentiert sind, Zulauf bekommen. Und dass die AfD noch immer häufig so verharmlost wird als irgendwie „konservativ" und ja doch „demokratisch", obwohl sie der Verfassungsschutz längst beobachtet. Nein, das ist sie eben nicht. Die AfD ist eine völkische Bewegung, die nun ihre Gelegenheit gekommen sieht und deren Anhänger sich ganz offen über die Krisen freuen. Es ist auch alles andere als ein Zufall, dass bei Demonstrationen dieser Partei Flaggen Russlands hochgehalten werden. Je schlimmer die Lage, je größer die Verunsicherung, desto einfacher verfangen ihre Parolen, so lautet das Kalkül. Geht es Deutschland schlecht, geht es ihren Zustimmungswerten gut. Sie machen nicht mal ein Geheimnis daraus.

„Es ist nicht die Zeit fürs Sonnendeck, sondern für harte Arbeit unter Deck."

Das ist eine kurz- und mittelfristige Gefahr, vor der nicht nur Politiker aller Parteien, sondern längst auch Verfassungsschützer und Vertreter der Zivilgesellschaft warnen.

Was aber ist mit der größten Herausforderung unserer Zeit, jener Krise, die alle anderen überspielen wird, wenn ganze Regionen unbewohnbar werden. Sei es durch Dürren, Hitze, durch extreme Regenfälle, Wirbelstürme oder andere Wetterextreme. Können die schlimmsten Folgen der Klimakrise, vor der viele Wissenschaftler seit vielen Jahren oftmals vergeblich warnen, überhaupt noch durch Gegensteuern in Wirtschafts- und Umweltpolitik verhindert werden?

Oder ist es dafür bereits zu spät? Manche fürchten schon, dass wir auf eine Art „perfekten" Sturm zusteuern, mit Problemen, die sich wechselseitig verstärken. Eine Unsicherheit ist spürbar und greift tief hinein ins berufliche und private Leben. An den Arbeitsplatz, in die Familien, in den Freundeskreis. Viele Menschen fragen sich: Wie bekomme ich mein kleines Schiff – meine Familie, meine Firma, meine Partnerschaft oder nur mich selbst – einigermaßen sicher durch den Sturm?

Ich denke, wenn sich jemand mit der Frage auskennt, dann sind es Kapitäne. Um ihre Antworten soll es gehen, um ihre Lebenserfahrung und um ihre Technik, wie sie sich in Krisenmomenten verhalten. Denn sosehr sich die Kapitäne charakterlich unterscheiden, so deutlich konnte ich Gemeinsamkeiten in ihrem Handeln erkennen. Es gibt Muster. Diese Männer sind es gewohnt, mit Situationen der Krise umzugehen, und dies in einer lebensfeindlichen Umgebung. Kapitäne wissen, was zu tun ist, wenn die Wellen in der Höhe mehrstöckiger Häuser anrollen. Maschinenschaden im Sturm. Wassereinbruch. Ein Kaventsmann aus dem Nichts. Feuer an Bord. Ein medizinischer Notfall oder irgendeine andere Ausnahmelage, die niemand kommen sah.

Ich bin überzeugt, dass im Handeln der Kapitäne Ansätze stecken, die sich auf den eigenen Alltag übertragen lassen. Von der Vorbereitung auf einen Sturm über die Frage, wie man inmitten des größten Chaos die Ruhe bewahrt. Es geht darum, wie man sein Schiff pflegt.

Wie man korrekt mit seiner Crew umgeht. Wie weit man sich selbst und anderen vertraut und ob man sich von den eigenen Emotionen, vor allem von der Angst, davontragen lässt.

Ich möchte davon erzählen, welche Rolle Kapitäne einst und heute auf Schiffen spielen. Was den Mythos Kapitän ausmacht. Warum es Helden mit vier Streifen am Ärmel gab – und welche Schurken auf der Brücke unterwegs waren. Denn zur Glorifizierung besteht kein Grund. Auch die Pigots und Schettinos unter den Nautikern und so manche Sadisten in Uniform sollen eine Rolle spielen.

Ich wünsche mir, dass dieses Buch Denkanstöße für den eigenen Alltag bietet, aber auch lehrreich ist für alle, die sich für die See und echte Abenteuer interessieren. Wichtig erscheint mir vor allem die Frage, wie wir uns die Empathie und den Mut eines Kutterkapitäns aus Fedderwardersiel bewahren.

Oder wie wir zu einem „Dienstgesicht" kommen. Denn davon handelt die erste Geschichte.

MITTEN IM STURM DES LEBENS

Der Orkan hat den Nordatlantik so aufgepeitscht, wie es selbst der alte Kapitän in vielen Jahren auf den Ozeanen noch nie erlebte. Vor der Brücke ist nur noch eine graue Wand zu sehen. Wellen, Gischt, Luft vermischen sich. Brecher krachen auf das Deck des kleinen Frachters. Der Orkan klingt wie eine dumpfe, bedrohliche Orgel. Dazu schreit der Stahl.

Der Erste Offizier stürzt auf die Brücke. „Kapitän, gehen Sie bitte in den Salon", ruft er. Der Angesprochene überträgt dem Ersten das Kommando und nimmt die Treppe, der Versammlungsraum liegt ein Deck tiefer. Vor den Fenstern hat sich die Crew versammelt, allesamt Seeleute von den Philippinen. Ihre Gesichter sind bleich vor Angst. Einige wirken abwesend, wie betäubt. Der Zweite Offizier, ein Mann namens Garcia, reagiert nicht, als ihm der Kapitän eine Hand auf die Schulter legt. Er starrt hinaus.

Die Männer tragen Rettungswesten.

Es ist Oktober 1991, und der kleine Frachter namens „Svea Pacific" befindet sich mitten im größten Sturm, seit Meteorologen das Wetter aufzeichnen. Ein Hurrikan und arktisches Tiefdruckgebiet haben sich zu etwas vereinigt, was die Fachleute den „perfekten Sturm" nennen. Ein Jahrhundertereignis.

Der Kapitän spürt, dass seine Crew nicht daran glaubt, die nächsten Stunden im Orkan zu überleben. Er selbst ist sich insgeheim auch nicht so sicher. Als ihn der Chief, also der Leitende Ingenieur, auf Deutsch fragt, wie er die Lage einschätzt, antwortet er: „Sieht nicht gut aus." Er grinst dabei, denn die Mannschaft darf nichts mitbekommen. Eine Panik ist das Letzte, was sie nun gebrauchen können. Dem Kapitän fällt eine Kassette ein, die ihm seine Frau mitgab. Johnny Cash, Country, es geht im Lied darum, dass das Wasser steigt: *„Five feet high and risin'"*. Er legt die Kassette ein und pfeift dazu ein Lied, als handele es sich um einen Ausflug mit einer Barkasse durch den Hamburger Hafen und nicht um eine lebensbedrohliche Fahrt in einem Abschnitt der See, auf dem es keine Rettung geben kann. Das Ablenkungsmanöver hilft. Zumindest zeitweilig sind die Nerven der Crewmitglieder beruhigt. Johnny Cash hilft gegen aufsteigende Panik.

Der Sturm steigert sich schließlich zu einem Inferno. Mit Sorge beobachtet Feith, wie sich der Frachter auf die Seite legt. Er beordert zwei Seeleute hinaus an Deck, um eine Peilung der Ballasttanks vorzunehmen, und tatsächlich: Das Schiff nimmt Wasser. Es gibt irgendwo ein Leck. Zumindest gelingt es dank der Pumpen, den Pegel konstant zu halten, doch die Lage wird immer bedrohlicher.

Und dann, auf dem Höhepunkt des Orkans, fällt auch noch die Ruderanlage aus. Zehn Minuten wird es dauern, auf die Ersatzmaschine umzuschalten, meldet der Maschinist, sofern es überhaupt gelingt. Zehn Minuten, in denen der Sturm den Frachter quer zur See schieben kann, was bedeutet, dass er dann schutzlos den brechenden Wellen

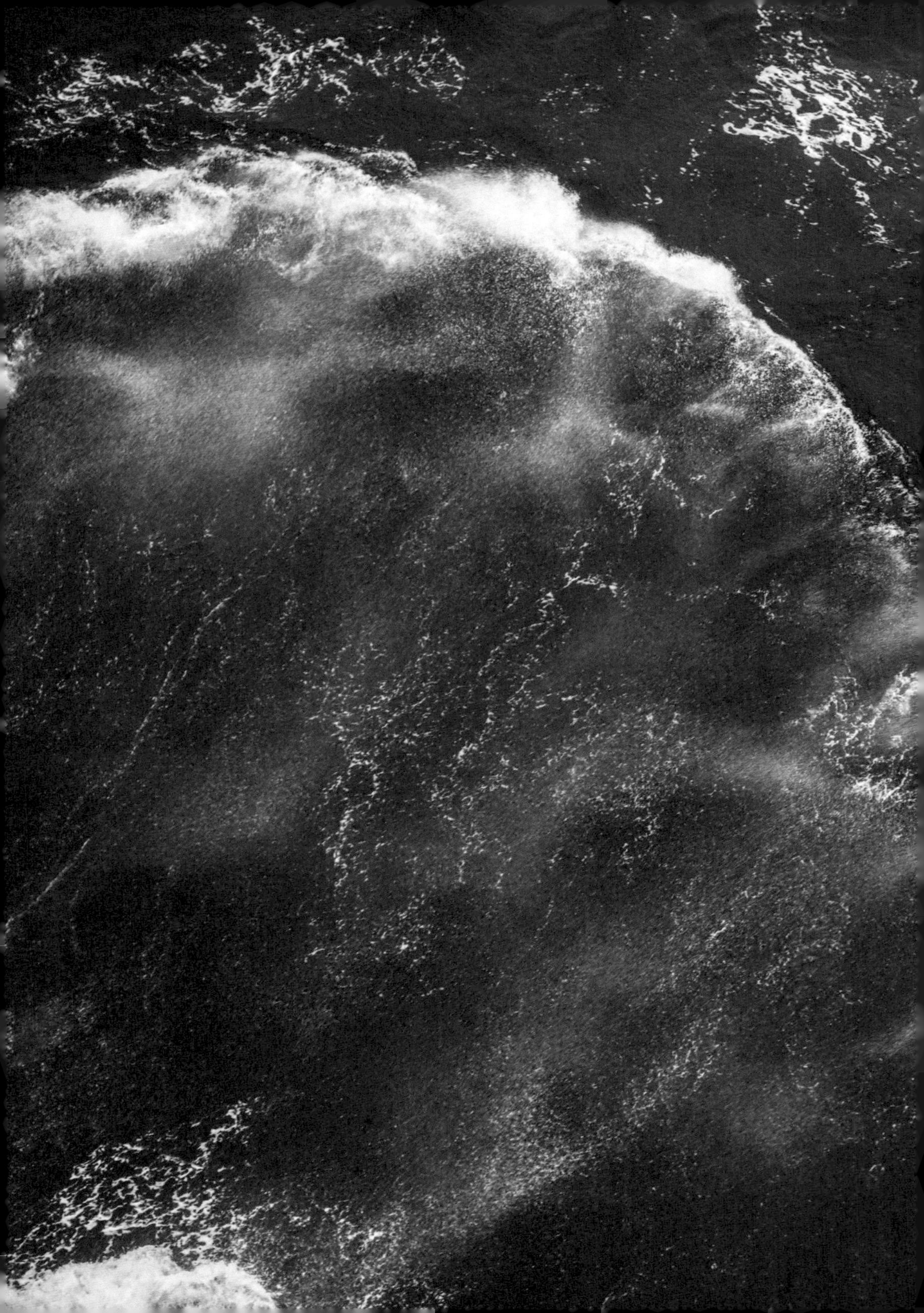

ausgeliefert ist. Die Wellen werden das Deck aufschlagen oder das Schiff kentern lassen. Was den Tod für alle an Bord bedeutet.

Kapitän Feith beobachtet, wie der Frachter langsam zur Seite gedrückt wird. Die Wellen sind haushohe Ungetüme. Lange kann das nicht gut gehen. Er unterdrückt den Gedanken, seine Frau in Hamburg über das Satellitentelefon anzurufen, um sich von ihr zu verabschieden. Es würde sie nur sorgen. Unnötig sorgen, denn was soll es schon helfen? Keine zehn Minuten später erscheint der Chief, vor Anstrengung verschwitzt und vor Schrecken bleich, auf der Brücke. Ersatzmaschine läuft! „Na, das ist ja gut", brummt Feith.

Keine Freudenrufe, keine Regung. Dienstgesicht. Nur einen Whisky habe man sich genehmigt, Johnny Walker, Black Label, den einzigen Drink auf einer Brücke während seiner Jahrzehnte auf See, sagt Feith. Die Pumpen arbeiten weiter zuverlässig und halten den Wassereinbruch in Schach. Das Schiff läuft einige Tage später in Liverpool ein. Der Sturm hat die Farbe vom Schiff geschlagen, doch alle Seeleute sind sicher im Hafen. Sie haben überlebt.

Ein Kapitän müsse manchmal auch Schauspieler sein, erzählt mir Emil Feith, als ich ihn Jahre nach dem großen Sturm in seiner Hamburger Wohnung treffe. Der gewaltige Sturm, durch den er musste, wurde später von Regisseur Wolfang Petersen verfilmt, mit George Clooney und Mark Wahlberg in den Rollen von Fischern, die um ihr Überleben kämpfen. Feith hat den Thriller gesehen und findet ihn realistisch, auch in der Darstellung der Wellen. Seine Schauspieleinlage im Angesicht einer aufziehenden Panik hätte in Hollywood auch niemand besser hinbekommen, meint er mit einem Grinsen. Also einem angedeuteten, kleinen Grinsen, mehr ist nicht drin.

Ich frage ihn, ob er sich nicht fürchte in einer solchen Krise? Er sieht mich an, als habe er nicht verstanden. Für Gefühle sei in einer solchen Situation kein Platz, entgegnet er. Generell gehöre sich das nicht für einen Kapitän, andere an den eigenen Emotionen teilhaben zu lassen. „Emotion" klingt, so wie er das sagt, wie etwas Unappetitliches, das man nicht unter seinem Schuh kleben haben möchte.

Klares Denken, klares Handeln, klare Ansagen. Zeit für das „Dienstgesicht".

Ich mag das Konzept dieses „Dienstgesichts", auch deshalb, weil es so aus der Zeit gefallen zu sein scheint. Gefühle zu zeigen, das ist im Zeitalter sozialer Medien enorm wichtig geworden. Ein Herzchen hier, eine virtuelle Umarmung dort. Manchmal, so scheint es, ist die Verpackung längst wichtiger geworden als der Inhalt, oder anders gefragt: Wie lange noch kann ein Politiker, der fachkompetent ist, aber in der Außendarstellung griesgrämig wirkt, noch Erfolg bei Wahlen haben?

Das Konzept des „Dienstgesichts" ist so ziemlich das genaue Gegenteil der Gefühligkeit in postmodernen Zeiten. Die Eigenschaft, sich selbst und das eigene Befinden nicht zu wichtig zu nehmen, zeichnet viele alte Kapitäne aus. Ihre Geschichten handeln häufig von dramatischsten Ereignissen. Von wilden Stürmen, von Monsterwellen, von Piraten, Kriegsschiffen, von Bekloppten, doch den meisten, mit denen ich sprach, war eines extrem wichtig: Auf keinen Fall sollte die Story angeberisch klingen. Zum Klabautermann nicht. Die Vorstellung, dass andere ihre Story als Prahlerei abbuchen könnten, behagte den Seeleuten überhaupt nicht. Das eigene Handeln ist in diesem Zusammenhang nur eine Notwendigkeit, nie eine Heldentat. Eine, wir hatten das Schlagwort bereits: Selbstverständlichkeit.

Auch diese Bescheidenheit macht den Umgang mit Kapitänen so angenehm. In einer Zeit, in der so viele Lautsprecher und Scheinwerfer im Einsatz sind. Ich bin ziemlich sicher, dass sich Kapitän Feith lieber von der Nock der Brücke in den Atlantik gestürzt hätte, als bei Facebook sein Mittagessen mit der Welt zu teilen.

Was die Kapitäne angeht, so ist ihre Sicht auf die Dinge das genaue Gegenteil der lauten Aufgeregtheit unserer Zeit. Tugenden wie Bescheidenheit, Zurückhaltung, eine, wie soll man sagen: Demut. Bestimmt hat das auch mit der See zu tun. Wer lange Zeit auf dem Meer unterwegs ist, der weiß die eigene Rolle einzuordnen. „Nirgendwo, an keinem anderen Ort der Welt kommt man sich so klein und unbedeutend vor wie auf dem Nordatlantik im Sturm". Ich mag diesen Satz des Hamburger Kapitäns Jürgen Schwandt, denn er trifft es präzise. So manch einem Politiker oder Entscheider in Wirtschaft und Gesellschaft würde diese elementare Erfahrung guttun, findet Kapitän Schwandt. Wie wahr.

Dass die See Demut lehrt, ist eine Aussage, die ich von vielen Kapitänen gehört habe.

Die See ordnet die Dinge ein, besonders, wenn sie wütend wird. Wer dies regelmäßig erfährt, der nimmt sich hinterher nicht mehr so wichtig.

Der plustert sich nicht auf.

ALTE WEIS(S)E MÄNNER

Können wir uns vom Verhalten erfahrener Kapitäne etwas für unseren Alltag abschauen? Können wir vielleicht von ihnen lernen? Können wir uns abschauen, wie wir einen Weg durch den Sturm finden?
Ich bin davon überzeugt, dass dies so ist.

Nun mag der Einwand kommen, dass es sich bis auf wenige Ausnahmen um die Erfahrungen „alter, weißer Männer" handelt. Alte, weiße Männer sind ein Begriff geworden, mit dem eine gewisse Geisteshaltung beschrieben wird: rückständige Dinosaurier, die nicht ernst zu nehmen sind. Ich denke, dass dies weder berechtigt noch fair ist, wie keine Aussage, die pauschal getroffen wird. Zu den absurden Momenten mancher Debatten gehört es, dass mit dem Hinweis auf Alter und Hautfarbe manche Meinungen so verächtlich gemacht werden sollen. Ausgerechnet von Leuten, die vorgeben, sich so bewusst gegen jede Form der Diskriminierung zu engagieren, verwenden Hautfarbe und Alter, um andere herabzuwürdigen. Wo bleibt der Respekt von Leuten, denen es doch angeblich darum geht, Respekt einzufordern? Ich kenne eine Menge „alter, weißer Männer", die fortschrittlicher denken und Neuem aufgeschlossener gegenüber sind als manche, die einer jüngeren Generation angehören. Zu den Eigenschaften, die viele alte Kapitäne auszeichnet und die ich an ihnen mag, gehört ihre Weltoffenheit. In der Hamburger Haifisch Bar traf ich einen polnischen Seemann, der den Spitznamen „Kapitän Chuck“ trägt, wegen seiner frappierenden Ähnlichkeit mit dem Actionhelden. Er erzählte mir eine dramatische Geschichte, in der sein bester Freund in einem Sturm mit seinem Schiff untergeht, doch die Aussage, die noch mehr im Gedächtnis blieb, lautete: „Sobald du an Bord eines Schiffes gehst, ist deine Nationalität egal. Deine Hautfarbe, deine Religion, alles ist egal. Dann bist du nur noch Seemann.“

Die Erklärung lieferte er gleich mit: Im Sturm, wenn Wellen mit der Größe von Häusern anrollen und der Wind alles Leben hinfortreißen will, müsse man zusammenstehen. Was „Käpt'n Chuck“ sagte, deckt sich mit dem, was mir viele andere Seeleute erzählten oder in ihren Geschichten zum Ausdruck brachten. Wer viel herumkam in den Häfen der Welt, der hat gelernt, dass Pigmentierung der Haut oder Farbe des Passes nichts über den Charakter eines Menschen aussagen. Für Kapitän Schwandt war Rassismus ein Ausdruck purer Dummheit.

„Ich habe auf meinen Reisen überall auf der Welt gute Menschen kennengelernt. Und auch ein paar Arschgeigen. Das hatte nichts mit Hautfarbe, Pass oder Religion zu tun.“

KAPITÄN SCHWANDT

Was nicht heißen soll, dass es keine Rassisten auf der Brücke gibt, pauschal ist diese Aussage wie jede andere verallgemeinernde Aussage über eine Gruppe Menschen schlichtweg Blödsinn. Doch Seeleute haben viele unterschiedliche Kulturen kennenlernen können – was sie und ihre Sicht auf die Welt prägt. Dass in diesem Buch meist nur Geschichten von Männern vorkommen, liegt an den Strukturen der Seefahrt. Statistisch ist unter tausend Kapitänen in der Berufsschifffahrt weniger als einer weiblich. In früheren Zeiten wäre der Gedanke, dass eine Frau ein Schiff befehligte, noch als völlig absurd angesehen

PILOTS

worden. Im Aberglauben der Seeleute auf Segelschiffen brachten Frauen an Bord Unglück über ein Schiff. Wer nicht im Stehen über die Reling pinkeln konnte, hatte an Deck nichts verloren, so war die Einstellung. Was soll man auch schon von einer Zeit erwarten, in der Männer noch an Ungeheuer glaubten und die Flossen von Haien an den Klüverbaum nagelten, um sie abzuhalten?

„Die allermeisten Menschen sind inzwischen im 21. Jahrhundert angekommen, und über etwas anderes mache ich mir auch keine Gedanken", sagt Frau Kapitän Nicole Langosch. So möchte sie angesprochen werden, ich habe sie danach gefragt: Frau Kapitän, so findet sie es richtig. Sie war in Deutschland der erste weibliche Kapitän auf der Brücke eines Kreuzfahrtschiffs. Auf ihrem Weg dorthin arbeitete sie auf Frachtern. Die Crews seien freundlich gewesen, keine Frage, doch sie lernte, dass jeder unschuldig geschlürfte Cappuccino mit einem anderen Crewmitglied Gerüchte und damit Unfrieden an Bord stiften konnte. Nach dieser Erfahrung, erzählte sie mir, dass ihre Entscheidung klar war. Seefahrt: unbedingt! Handelsschifffahrt? Eher nicht. Sie entschied sich daher für den Weg in die Kreuzfahrtbranche. Momentan ist der Anteil von Frauen in nautischen oder technischen Positionen an Bord noch ziemlich gering. Doch komplette Ausnahmen sind sie nicht mehr, und an deutschen Seefahrtschulen werden aktuell so viele junge Frauen wie niemals zuvor ausgebildet.

Um den „alten, weißen Mann" kommt man dennoch nicht herum, wenn es um Kapitäne geht. Häufig sind sie aber viel charmanter als ihr Ruf.

Charly, zum Beispiel.

CHARLY

Kapitän Charly war ein alter Fischer aus Cuxhaven. Sein Leben lang war er auf dem Nordatlantik unterwegs, wie sein Großvater, wie sein Vater vor ihm, wie seine drei Brüder, von denen einer auf See blieb. Charly Behrensen wurde für mich ein Freund, und ich verbrachte gerne Zeit mit ihm. Er strahlte eine großväterliche Güte aus, und ich mochte besonders seine Art, sich selbst nicht zu ernst zu nehmen und Leute zum Lachen zu bringen.

Niemand konnte robusteres Seemannsgarn spinnen. Da war zum Beispiel diese Geschichte mit den Eisbären in Grönland. Für den Fall, dass ihm beim Landgang ein gefährliches Raubtier begegne, habe er als junger Matrose auf Landgang stets eine Zwiebel in der Tasche gehabt. Warum eine Zwiebel? Nun, dem Eisbären tränten die Augen, wenn er in die Zwiebel biss. Bei der Kälte froren die Augen sofort ein – und so bliebe im Notfall ausreichend Zeit zur Flucht.

Charly und ich pflegten eine Art Ritual. Wenn wir telefonierten, begann das Gespräch immer gleich, wie eine CD, die an einer Stelle einen Sprung hat:

„Na ming Jong, sind Frau und Kinder gesund?“, erkundigte sich Charly. Ich bejahte das, und dann erwiderte er. „Dann ist ja gut. Den Rest kannst du schon irgendwie regeln.“

Mir fiel erst auf, welche Ruhe diese Sätze ausstrahlten, als Charly verstorben war. Die Überzeugung, dass Gesundheit das Wichtigste ist und sich alles andere schon irgendwie hinbiegen lässt, hat mir Kraft gegeben in den Monaten des Corona-Lockdowns. Prioritäten erkennen. Eine gewisse Dankbarkeit spüren für Dinge, die man leicht als gegeben hinnimmt. Die erst dann bitter auffallen, wenn sie nicht mehr vorhanden sind.

Den Rest wirst du schon irgendwie regeln.

Der Satz gibt mir immer wieder Halt und Orientierung, wenn wir mit der Familie oder der Firma in einem Sturm stecken. Solange die wichtigsten Dinge in Ordnung sind, die man nicht beeinflussen kann, lässt sich alles andere schon regeln. Irgendwie geht sich das doch immer aus. Gibt es keine schwere Krankheit, keinen Unfall, kein Feuer, keinen Leberhaken des Schicksals – dann steht es doch gut, oder etwa nicht?

Finanzielle Sorgen, Ärger im Job oder täglicher Nervkram, den jeder kennt? *Reg dich ab, min Jong.*

Es sind Gedanken, die so einfach wie tröstlich sind, und hinter denen auch eine zentrale Lebensfrage steckt: Was ist denn wirklich wichtig? Wir latschen durch unser Leben, und wenn uns etwas fehlt, was wirklich elementar ist, merken wir es häufig viel zu spät.

Einmal zeigte mir Charly eine alte Video-8-Aufnahme, die ein Passagier auf seinem Trawler gedreht hatte, während einer Fangreise vor den Küsten von Island und Grönland. Charly, den ich als ruhenden Pol kannte, so entspannt und scheinbar mit allem im Reinen, er war ein ganz anderer. Die Aufnahmen zeigen die Brücke des Fangschiffs in typischem Nordatlantikwetter: Regen klatscht gegen die Scheiben, die See aufgewühlt, und dem Kameramann verrutscht immer wieder der Horizont. Draußen pfeift der Wind. Charly hockt auf dem Kapitänsstuhl vor einem Schaltpult, eine Zigarette in der Hand. Im Aschenbecher vor ihm qualmt eine weitere Kippe, und zum hyperhektischen Eindruck gehört, dass sein Fuß wippt wie ein sehr schnell eingestelltes Metronom. Charly sieht bleich aus, er wirkt erschöpft, unter seinen Augen liegen dunkle Ringe.

„Was wir da draußen im Herbst und Winter mitgemacht haben, kann sich niemand vorstellen, der es nicht selbst erlebt hat", sagte er mir.

Ein Ozean aus Adrenalin: Wind, der in Sturmstärke brüllt, enormer Schwell, aber dennoch ist das Netz draußen, denn gefangen und gearbeitet wird auf Hochseetrawlern in nahezu jedem Wetter. Was die ständige Gefahr eines schweren Unfalls einschließt. Und der Kapitän hockt auf diesem Stuhl, der an eine Zahnarztpraxis erinnert. Zigarette nach Zigarette geht das so, Kaffee um Kaffee, bis der Kühlraum unter Deck endlich voll ist.

„Den Rest wirst du schon irgendwie regeln, Jong.“

KAPITÄN CHARLY BEHRENSEN, CUXHAVEN

Aus dieser Perspektive kann alles, was danach an Land passiert, nur noch leicht erscheinen. Daraus kommt die Überzeugung, dass Dinge, die veränderlich sind, zum Guten beeinflusst werden können. Was mitschwingt, ist eben auch der Leitsatz, sich bloß nicht anzustellen.

Den Rest wirst du schon irgendwie regeln, Jong.

Ein Satz, der mir oft Kraft gibt in einer Krise, bis heute ist das so. Wenn es mal schwierig läuft, und das kann immer wieder passieren mit der Firma und der Großfamilie, dann erinnere ich mich daran.

Vertrau auf dich. Lass dich nicht vom Sturm umhauen.

Ich vermisse Charly.

MASTER NEXT GOD

Den Beruf des Kapitäns umgibt auch heute noch die Aura eines Mythos. Es mag sein, dass vom „Master next God", wie sie einst bezeichnet wurden – wegen ihrer uneingeschränkten Machtfülle an Bord –, im Zeitalter des Containers nur „bessere Transportbegleiter zur See" übrig geblieben sind. So spotten manch alte Seeleute, mit denen ich im Laufe der Jahre über ihr Leben und ihren Beruf sprach. Internetverbindung und Satellitenüberwachung haben den Beruf transparent, manche schimpfen: gläsern gemacht. Mit einer App auf dem Smartphone lässt sich die Position jedes Schiffes, seine Route und sein Bestimmungshafen auf wenige Meter genau bestimmen.

Möglich macht dies AIS, das „Automatic Identification System", das seit dem 31. Dezember 2004 im Seeverkehr für alle Berufsschiffe über 300 Bruttoregistertonnen – de facto also für so ziemlich alle Schiffe, mit denen Geld verdient wird – verbindlich ist. Nur Kriegsschiffe dürfen ihr AIS-Signal ausschalten, und es kommt vor, dass Trawler in den „Anonym-Modus" gehen, um Konkurrenten ihre Position nicht zu verraten. Legal ist dies nicht, aber gängige Praxis im Kampf um den Fisch.

Die Seefahrt ist durch AIS und die lückenlose Verfolgung der Schiffe bestimmt sicherer geworden. Eine gewisse, nennen wir es: Romantik blieb dabei auf der Strecke. Früher, erzählte mir ein alter Kapitän, da habe er, wenn es gut lief, wenn das Schiff im Fahrplan war, die See ruhig und die Crew fleißig, auch mal die Gelegenheit zur Freizeit genutzt. Dann habe er den Anker vor einer schönen Küste fallen lassen und seine Crew die Zeit mit Baden und Barbecue am Strand verbracht. Wenn jemand aus der Zentrale im fernen Europa nervige Fragen stellte, dann blaffte er zurück, das Wetter habe sich verschlechtert. Und was denn überhaupt diese Frage solle? Heute aber würde „jeder Praktikant" aus der Zentrale auf der Brücke anrufen und sich nach irgendeinem Murks erkundigen, schimpfte der Kapitän.

Prinzipiell aber verleihen vier Streifen am Ärmel auch heute noch eine Menge Autorität. Kapitäne sind in Geschichtsbücher gesegelt und wurden in der Literatur unsterblich, von Ahab über Nemo und Hornblower bis zum Seewolf Larssen, der mit der Kartoffel. Nicht zu vergessen natürlich auch Käpt'n Blaubär, der liebenswürdigste Kapitän der Popkultur, und sein Kollege Haddock. Alle heulenden und jaulenden Höllenhunde.

Kapitäne verzaubern und faszinieren uns im Kino, im „Fluch der Karibik", als „Master & Commander" oder in der realen Figur des „Captain Philips", die Tom Hanks meisterhaft gab. Selbst, wenn ein Schlagersänger die Brücke von Deutschlands berühmtester schwimmender Seifenoper übernimmt, sorgt dies für eine emotionale Diskussion. Kann Florian Silbereisen wirklich das „Traumschiff" durchs Abendprogramm des ZDF manövrieren? Schafft er das?

Keinem anderen Lenker eines Transportmittels wird eine solche Aufmerksamkeit zuteil wie dem Kapitän eines Schiffes. Zum Thema berühmte Piloten fallen mir die Pionierin Amelia Earhart und der Atlantik-Überflieger Charles Lindbergh ein. Vielleicht noch Chesley Burnett „Sully" Sullenberger, der einen Airbus nach einem Vogelschlag und dem Ausfall der Triebwerke auf dem Hudson River in New York City notlandete. Lokomotivführer mit Star-Qualitäten sind hingegen unbekannt, außer dem Kumpel von Jim Knopf. Und seit Manfred Krug nicht mehr „Auf Achse" ist und Kris Kristofferson den Konvoi in einen Totalschaden verwandelte, habe ich auch nichts von prominenten Lastwagenfahrern gehört.

Kapitäne mit Star-Qualitäten gibt es reichlich. Die Trawlerkapitäne aus „Deadliest Catch", dem erfolgreichsten TV-Dokumentationsformat der Welt, sind so populär, dass sie auf Werbetafeln am Times Square die Stirn runzeln oder durch Fernsehsendungen tanzen, ja wirklich: tanzen. Sogar als Reklamefigur für rechteckigen Panade-Fisch taugt ein Kapitän, eine Rolle, der in diesen aufgeregten Zeiten eine emotionale Bedeutung zukommen kann. In Großbritannien nämlich heißt der Seemann für die Fischstäbchen seit Mitte der 1960er-Jahre „Captain Birdseye". Verkörpert wurde er traditionell von einem gemütlichen Endsechziger mit weißem Vollbart und gemütlicher Plauze, also genau so, wie man sich einen „Captain Birdseye" in den Docks von Margate oder Port Isaac vorstellt. Doch die Zeiten ändern sich und mit ihr auch die Zielgruppe, die rechtwinkligen Fisch kaufen soll. Als die Marketingabteilung den Seemann schlanker machte und den Bart stutzte, gab es Ärger. Das neue Model mit reduziertem Bodymass-Index kam nämlich nicht von den Britischen Inseln, sondern aus Italien. Aus Italien! Die Kommentatoren in den konservativen Medien wüteten, und aufrechte Patrioten sorgten für einen „Shitstorm" auf der Facebook-Seite des Fischanbieters.

Manchmal scheint es fast, als habe die Welt nicht ausreichend echte Probleme.

VERANTWORTUNG

Kapitäne tragen ein gewaltiges Maß an Verantwortung. Für ihre Crew, für die Ladung, für die Reederei – im Falle einer Havarie auch für die Umwelt. Jeden Tag treffen sie Entscheidungen, von denen sie nicht wissen können, wie wichtig sie einmal werden können, wenn es richtig schiefläuft. Dies betrifft nicht nur den Kurs, sondern auch den Rahmen, die Atmosphäre, die sie an Bord vorgeben, im Zusammenleben der Seeleute. Mag sich der Beruf verändert haben, mag er technischer geworden und heute frei sein von jeder Romantik – an der Verantwortung, die Kapitäne auf jeder Reise übernehmen, hat sich wenig geändert. Die größten Schiffe sind heute 400 Meter lang, mehr als 60 Meter breit und mit mehr als 24.000 TEU (20 Fuß Standard-Containern) unterwegs. Ein solcher Gigant Schiff befördert Waren im Wert mehrerer Milliarden Dollar. Ein kleiner Fehler kann riesige Auswirkungen haben, die international für Schlagzeilen sorgen und weltweite Warenströme lahmlegen. Als im März 2021 der Großcontainerfrachter „Ever Given" bei starkem Wind im Suezkanal auf die Uferböschung rauschte und sich quer stellte, verstopfte das große Schiff für sechs Tage eine der Hauptschlagadern der internationalen Seefahrt. Hunderte Schiffe stauten sich in beiden Fahrtrichtungen, was für die betroffenen Crews nicht nur zu einer Nervenprobe wurde, sondern Lieferketten unter Druck setzte. Fachleute schätzen, dass die Blockade Folgeschäden in Höhe von neun Milliarden Euro verursachte.

Täglich neun Milliarden Euro.

Nicht der Wind, sondern mehrere Fahrfehler des Kapitäns und seines Lotsen, so wird vermutet, sollen Grund für das Unglück gewesen sein. Manchmal aber sind es eben auch Ereignisse, die niemand kommen sehen konnte. Ein Blackout, zum Beispiel, was bedeutet, dass alle Systeme auf einen Schlag ausfallen. Nichts geht dann mehr, weder Maschine noch Ruder, gar nichts. Ein Blackout ist neben einem Feuer so ziemlich das Mieseste, was an Bord eines Schiffes passieren kann. Es ist ein Szenario, vor dem sich jeder Seemann fürchtet.

Kapitän Peter Rössler ist es passiert.

An einem Sonntagabend, 17. März 2007, um exakt 22:14 Uhr, kurz vor der Verrazanobrücke von New York City. Der Rudergänger rief „Schiff lässt sich nicht steuern", und dann driftete der Großcontainerfrachter nach Backbord ab. Frontal auf einen großen Gastanker zu, der im engen Kanal keine Chance hatte, irgendwohin auszuweichen. Der Lotse, der auf diesen Revierfahrten dabei sein muss, reagierte panisch. Er schrie Kommandos, die keinerlei Sinn ergaben.

Kapitän Rössler erinnert sich daran, dass er versuchte, sich aus der Situation herauszunehmen. Dass er kurz innehielt und nachdachte, wie er die Kollision verhindern konnte.

„Ein Kontrollverlust bringt einen in einem solchen Moment nicht weiter", sagte er mir.

Der Kapitän rief im Maschinenkontrollraum an. Keine Chance, die Maschine schnell wieder zu starten, sagte der Chief. Eine niederschmetternde Ansage.

Also, was tun?

Rössler überlegte. Dann gab er Befehl, den Anker an Steuerbordseite fallen zu lassen, er leitete also eine Art manuelle Vollbremsung ein. Das große Schiff wurde nach Steuerbord gerissen und stoppte, doch das Heck drehte sich weiter auf den Gastanker zu. Rössler ließ nun auch den Anker an Backbord fallen. Das Manöver gelang. Das Schiff kam zum Stillstand. Noch immer in keiner angenehmen Lage, quer im Fahrwasser vor New York City, doch zumindest war die unmittelbare Gefahr gebannt. Schlepper zogen den Frachter beim nächsten Hochwasser frei – er konnte die Fahrt wenige Stunden später fortsetzen, und Rössler meinte, dass er nie wieder so froh war, New York City hinter sich zu lassen.

Welche Folgen die Kollision eines großen Frachters mit einem Gastanker gehabt hätte, unmittelbar unter der wichtigsten Verkehrsader zwischen Staten Island und Brooklyn? Vermutlich verhinderte das besonnene Handeln des Kapitäns eine Katastrophe, die in der „Tagesschau" geendet wäre. Rössler meinte, dass er intuitiv gehandelt habe,

„Niemand hätte jemals den Ozean überquert, wenn er die Möglichkeit gehabt hätte, bei Sturm das Schiff zu verlassen.“

CHARLES F. KETTERING

mit der Erfahrung von vielen Jahren auf See, die im „Langzeitspeicher“ abgebucht sei. Auf eine solche Situation könne kein Seminar und keine Simulation vorbereiten. „Kapitäne brauchen Erfahrung, um in Krisenzeiten richtig zu reagieren“, sagte mir Rössler.

Hat nicht jeder von uns die Erfahrung zu wissen, was das Richtige ist? Inmitten einer krisenhaften Situation einen Schritt zurückzutreten und zu überlegen, was nun zählt, darauf kommt es an. Manches Problem verschärft sich, wenn man hektisch die falschen Entscheidungen trifft. Nichts zu entscheiden, ist auch keine Option. Es kommt darauf an zu handeln wie dieser Kapitän im Angesicht einer Katastrophe. Ruhe bewahren. Nicht in Panik verfallen. Zuversichtlich bleiben, dass sich die Dinge zum Guten wenden, und dann besonnen Entscheidungen treffen.

So kommt man aus den meisten Krisen.

EIN WUNDER AUF DEM ATLANTIK

Wenige Tage bis Weihnachten, eine ruhige Nacht vor der Küste vor Cape Canaveral, Florida. Die elf Meter lange Motorjacht „Sting Ray“ tuckerte durch die See. Kurz nach Mitternacht wurde der Skipper wach, er sagte hinterher, es sei ein seltsames Geräusch gewesen. Ein Glucksen, ein Gluckern, das durch den Traum in sein Unterbewusstsein drang.

Stuart Bee, Anfang 60, öffnete die Augen und war sofort wach. Seewasser drang in sein Boot ein. Kein Rinnsal, sondern viel Wasser, ein konstanter Strom. Bee bekam Panik: Nur raus hier!

Ihm blieb nicht mal Zeit, über sein Funkgerät ein „Mayday“ an die Coast Guard abzusetzen. Irgendwie schaffte er es, aus der Kabine zu entkommen, die schnell volllief, es musste ein großes Leck unterhalb der Wasserlinie geben. Dann kenterte das Boot und trieb kieloben in der See. Bee kletterte auf den Rumpf. Bekleidet mit einem T-Shirt und Shorts.

Es war dunkel über dem Atlantik, mehr als ein Dutzend Seemeilen vor Cape Canaveral, es würde einige Stunden dauern bis zum ersten Licht.

Dann begann der Jachtskipper, auf Rettung zu warten.

32 Stunden zuvor war er in Cape Canaveral aufgebrochen. Eigentlich hatte er nur einen kurzen Törn geplant, wie so oft, sich diesmal aber spontan entschieden, etwas länger draußen auf See zu bleiben. Die letzten Wochen waren hart gewesen. Corona, andere Probleme, das Meer sollte ihm dabei helfen, auf andere Gedanken zu kommen.

In der Marina von Cape Canaveral fiel einem Mitarbeiter auf, dass die „Sting Ray" nicht an ihrem gewohnten Liegeplatz festgemacht war. Ungewöhnlich. Hatte Stuart nicht gesagt, dass er nur zu einem kurzen Tagestörn auslaufen wollte? Als die Jacht einige Stunden später noch immer fehlte, informierte er Bees Bruder. Der versuchte daraufhin, den Skipper auf See zu erreichen. Doch das Mobiltelefon war ausgeschaltet, und er reagierte nicht auf Funksprüche. Die „Sting Ray" war wie von der Meeresoberfläche verschluckt. Voller Sorge alarmierte der Bruder die Küstenwache.

Sofort startete eine Suchaktion mit Patrouillenbooten und Hubschraubern. Außerdem wies man die Schiffe vor dem gesamten Küstenabschnitt an, nach der vermissten Motorjacht Ausschau zu halten. Allen Beteiligten aber war klar, dass die Suche schwer bis unmöglich sein würde. Wo in der Weite des Atlantiks sollten sie anfangen zu suchen? Niemand wusste, welchen Kurs Bee gewählt hatte. War er nach Norden gefahren? Oder einfach ein wenig nach Osten, womöglich in den Süden? Wo mochte er nur stecken?

Stuart Bee hockte derweil auf dem Wrack und versuchte, sich so wenig wie möglich zu bewegen. Das Einzige, was ihm das Leben sicherte, war eine Luftblase im Inneren der „Sting Ray", die noch für Auftrieb sorgte und den Havaristen auf den Wellen hielt. Mit jeder kleinen Welle, mit jeder kleinen Bewegung konnte diese Luft entweichen – und damit die letzte Chance auf sein Überleben schwinden. Wie lange mochte sich Bee an der Wasseroberfläche halten können? Eine Stunde, vielleicht zwei? Ein besonders guter Schwimmer ist er nicht, und die Wassertemperatur würde dafür sorgen, dass ihn schon bald die Kräfte verließen. Also harrte Bee aus und versuchte, sich nicht zu rühren. Er saß einfach nur auf dem Rumpf, wartete und hoffte.

Wie es sein mag, in einer solchen Situation klarzukommen? Mit der Angst? Ich habe im Laufe der Jahre mit einigen Seeleuten gesprochen, die Untergänge überlebten und in Rettungsinseln trieben. Kapitän Klaus Gerber zum Beispiel, einem Fischer aus Cuxhaven. Er war einer der Überlebenden des Untergangs der „München". Im Juni 1963 sank der Hecktrawler im kalten Atlantik vor Grönland. 27 Fischer ertranken, oder sie erfroren in den Rettungsinseln. Gerber erzählte mir, dass Zeit in solchen Lagen keine Rolle spielt. Es gibt kein Gefühl für Zeit. Es geht nur darum, sich auf das Überleben zu konzentrieren.

Für den Skipper Bee verstrichen Stunden. Schließlich entdeckte er einen Punkt am Horizont. War das ein Schiff? Ja, das war ein Schiff! Er riskierte es nun, dass sich das treibende Wrack unter ihm bewegte. Er zog sein T-Shirt aus, stand auf und begann zu winken. „Ich hatte das Gefühl, das Schiff komme näher", erzählte er. Tatsächlich hatte ihn die Crew des Containerfrachters „Angeles" entdeckt. Das Schiff hielt mit voller Fahrt auf ihn zu. Ángeles heißt aus dem Spanischen übersetzt: Engel.

86 Seemeilen vor der Küste kletterte der Schiffbrüchige eine Strickleiter an der Bordwand hinauf. Das Foto des Moments, als er über die Verschanzung stieg, ging um die Welt. Es zeigt einen Mann, dem die Entbehrungen und eine tiefe Dankbarkeit ins Gesicht geschrieben sind. Der Kapitän der „Angeles" informierte die Coast Guard, die anbot, Bee von der Besatzung eines Hubschraubers aufwinschen zu lassen und nach Cape Canaveral zu fliegen. Doch Bee lehnte ab. „Mich hat bewegt, wie sehr sich die Crew über meine Rettung freute. Das sind die nettesten Männer, die ich mir vorstellen kann", sagte er Reportern in Wilmington im US-Bundesstaat Delaware, wo das Schiff planmäßig anlegte und er von Bord ging.

Wie es mit ihm weitergehen sollte, das wusste Bee zu diesem Zeitpunkt nicht. Die „Sting Ray", sein Zuhause, war gesunken. Er hat alles verloren, aber ein neues Leben geschenkt bekommen, weil er die

Hoffnung nicht aufgab und die Nerven behielt. Weil ein Mitarbeiter der Marina an ihn dachte – und weil im richtigen Moment ein Engel am Horizont auftauchte.

„DIAMOND PRINCESS“

Ein Kapitän wurde mit seinem unerschütterlichen Optimismus und Durchhaltevermögen für viele Hundert Menschen in einer verzweifelten Lage zum Vorbild. Das Kreuzfahrtschiff „Diamond Princess“ hatte im Januar 2020 in Hongkong angelegt. Unter den Passagieren, die planmäßig ausstiegen, war ein Reisender, der sich nicht wohlfühlte. Grippeähnliche Symptome, wie sie immer mal vorkommen.

Doch dieser Krankenfall war alles andere als eine Erkältungsroutine, wie sich wenig später herausstellen sollte. Die Welt stand zunehmend unter Schock, weil sich das neue Coronavirus Sars-CoV-2 ausbreitete. Was man sonst nur aus Endzeitfilmen wie „Outbreak“ von Wolfgang Petersen kannte, war nun Realität. Krankenpersonal in weißen Schutzanzügen, abgesperrte Regionen, in die niemand mehr hinein- oder heraussollte. Bilder von überfüllten Krankenhausfluren in Madrid. Die Lastwagen des italienischen Militärs in Bergamo, die in langen Kolonnen Leichen abtransportierten. Massengräber auf einer Insel vor New York oder in Brasilien. Dazu die Ungewissheit, wie schnell sich das Virus ausbreitete, wie tödlich es war – und die Aussicht, dass es wohl Jahre dauern würde, einen Impfstoff zu entwickeln.

Ausgerechnet beim Passagier, der von Bord ging, wurde es nachgewiesen. Das große Schiff war weitergefahren und nach Häfen in Thailand, Vietnam und Taiwan in Yokohama angekommen. Mitarbeiter des Nationalen Instituts für Infektionskrankheiten kamen an Bord und stellten fest, dass sich mindestens zehn Passagiere mit Corona infiziert hatten. Nun verhängten die Behörden strengste Quarantäne – und die Welt wurde Zeuge eines Dramas.

3711 Passagiere und Crewmitglieder befanden sich auf dem Kreuzfahrtschiff und wurden gewissermaßen in Isolationshaft auf See genommen. Doch es gab keinen Notfallplan, wie man mit einer solchen neuen Lage umgehen sollte. Erkrankte und Gesunde wurden nicht voneinander getrennt, es gab keine entkontaminierten Bereiche, nicht mal Atemschutzmasken und insgesamt wenig Schutz vor diesem tückischen Virus. In den sozialen Medien verbreiteten sich Videos von Passagieren, die in Innenkabinen ein wahres Martyrium erlebten. David Fishman, Epidemiologe an der Universität von Toronto, sprach davon, dass die Behörden eine „in einem Container zusammengepferchte Menschenmenge mit einem hochvirulenten Erreger eingesperrt" hatten.

Inmitten dieses Albtraums an Bord eines Traumschiffs wurde der Kapitän zum Helden: Gennaro Arma, Jahrgang 1975, aus Sant Agnello, einem Dorf südlich von Neapel.

Er behielt inmitten des Chaos nicht nur die Nerven, sondern beruhigte die Eingeschlossenen. Er wurde eine Art Gruppentherapeut auf der Brücke. Am Valentinstag ließ er Blumen und Schokolade verteilen und zitierte über die Kraft der Liebe aus einem Brief des christlichen Missionars Paulus an die Korinther. Immer wieder meldete er sich über Lautsprecher und machte Mut. „Wenn wir als Familie zusammenstehen, bringen wir diese Reise erfolgreich zu Ende", sagte er. Und: „Die Welt schaut auf uns. Das ist ein weiterer Grund für uns alle, Stärke zu zeigen."

Vor jeder Mittagsmahlzeit wünschte der Italiener Arma – in diesem Punkt möchte man „Klischee Ahoi" rufen – den Passagieren „Buon appetito". Seine Crew nannte er voller Pathos „meine Gladiatoren". Auf Twitter kursierten Fotos von bunt bemalten Plakaten, die der Kapitän in Anspielung auf den Namen seines Schiffes verteilen ließ: „Ein Diamant ist ein Stück Kohle, das mit Druck gut umging." Das klang auch ein klein wenig nach Motivationscoach, funktionierte aber.

Während es auf der „Princess Diamond" darum ging, dass inmitten dieses Drucks niemand durchdrehte, sah es auch in Italien wenig anders aus. Das Land durchlitt einen rigiden Lockdown, in dem Menschen wochenlang in ihren Wohnungen zubrachten. Der Kapitän wurde mit seinem Verhalten zum Vorbild in einer Zeit, in der andere haderten, verzagten und Dosenravioli palettenweise horteten. Italiens Medien feierten ihn, und sogar der Außenminister lobte den Seemann mit blumigen Worten. In der Corona-Zeit wurden noch mehrere Kreuzfahrtschiffe zu schwimmenden Krankenstationen, doch keines traf es so hart wie die „Diamond Princess".

Als Kapitän Arma von Bord ging, hatten sich Tragödien auf seinem Schiff abgespielt. Nahezu jeder Fünfte war infiziert oder erkrankt, insgesamt 705 Menschen. Sechs Erkrankte überlebten die Virusinfektion nicht. Wie viele Arma aber mit seinem unerschütterlichen Optimismus davor bewahrte, die Nerven zu verlieren? Wie viele Leben er rettete, weil Menschen nicht die Zuversicht verloren?

Kapitän Arma verließ als Letzter sein Schiff. Er trug dabei seine beste Uniform.

KEINE ZUFLUCHT, NIRGENDS

Ein Kapitän sah sich mit einer der schwierigsten menschlichen Aufgaben konfrontiert, die vorstellbar ist. Als der Passagierdampfer „St. Louis" im Mai 1939 den Hafen von Hamburg verließ, ging es nicht um eine normale Transatlantikpassage. Sondern um eine Flucht. 937 jüdische Emigranten wollten vor dem Dritten Reich nach Kuba entkommen, wenige Monate nach dem Novemberpogrom. Ihr eigentliches Ziel waren die USA, wo sie viele Verwandte und Freunde kannten.

So groß muss die Furcht an Bord dieses Schiffes gewesen sein und so groß die Hoffnungen, doch die Reise stand unter keinem guten Vorzeichen. Auf dem Ozean starb ein Passagier, der auf See bestattet wurde. Ein Crewmitglied sprang in einer Nacht ins Schraubenwasser. Als das Schiff der Hamburger Reederei Hapag in Havanna eintraf und

Passagiere von Bord wollten, eilten bewaffnete Polizisten die Gangway hoch. Sie versperrten die Gangway. Niemand durfte aussteigen.

Warum nur?

Angehörige und Freunde der Passagiere winkten auf den Kaianlagen und sahen dann erschüttert zu, wie das große Schiff zurück in den Vorhafen dampfte. Die Behörden befahlen Kapitän Gustav Schröder, Jahrgang 1885, ein hagerer Seemann mit Schnurrbart, dort vor Anker zu gehen und weitere Anweisungen abzuwarten. Sechs Tage vergingen. Schwüle Hitze und Moskitos setzten Passagieren und Crew zu, Gerüchte machten die Runde, die Nervosität nahm zu. Einige Passagiere drohten damit, ins Hafenbecken zu springen. Ein Anwalt schnitt sich die Pulsadern auf und ließ sich über die Reling fallen. Es gelang einem Matrosen, ihn über Wasser zu halten, bis ihn die Besatzung einer Barkasse rettete. Der Schiffsarzt stabilisierte den Mann, der ins Krankenhaus von Havanna eingeliefert wurde. Seine Familie durfte ihn nicht begleiten. Er ist einer von insgesamt nur 29 Passagieren, die nach Verhandlungen der Schiffsleitung die „St. Louis" verlassen durften.

Kapitän Schröder versuchte alles, an Land Vertreter der Behörden und über einen Mittelsmann den kubanischen Präsidenten umzustimmen. Doch vergeblich. Am Donnerstag, den 7. Juni, erhielt er den Befehl, mit seinem Schiff den Hafen von Havanna zu verlassen. Schröder erwirkte einen Fristaufschub auf den kommenden Tag und rief die Passagiere im Speisesaal zusammen. Er beschwor sie, Ruhe zu bewahren und die Hoffnung nicht aufzugeben – er kündigte an, dicht unter der amerikanischen Küste zu bleiben.

Am darauffolgenden Morgen begleiteten Einheiten der kubanischen Marine die „St. Louis" auf der Fahrt Richtung offene See. Aus Furcht vor weiteren Suizidversuchen verstärkte Kapitän Schröder die Wachen an Deck. In seinem Buch „Heimatlos auf hoher See" schrieb er später: *„Eine so melancholische Abfahrtsstimmung habe ich noch nie erlebt. Ich muss Trost sprechen. Die Worte einer Frau klingen mir noch in den Ohren. ‚Herr Kapitän, wir können gar nicht zurückkehren. Alles haben wir dort verloren. Wenn Sie mit dem Schiff heil nach Cuxhaven hineinkommen,* *dürften Sie wohl extra hundert Kabinen leer vorfinden, denn wir fürchten das KZ mehr als den Tod.'"* Viele Familien kündigten an, lieber ins Meer zu springen, als in Hitlers Deutschland zurückzukehren.

Bei Kapitän Schröder muss die dramatische Eskalation der Ereignisse ein Schlüsselerlebnis gewesen sein, das sein Gewissen weckte. Ein Moment, der seinen moralischen Kompass neu justierte. Denn der Kapitän aus dem nordschleswiger Örtchen Hadersleben war schon 1933 in die NSDAP eingetreten, Mitgliedsnummer 3.286.996. Aus Überzeugung? Folgte er opportunistischen Motiven? Wollte er seinen stark behinderten Sohn schützen? Seine Biografen können nur spekulieren.

Jedenfalls erkannte Schröder, dass er nicht nur als Seemann für seine Passagiere verantwortlich war – und machte einen erstaunlichen Wandel durch. Er wurde zum Anwalt seiner Passagiere. In der Kommunikation mit seiner Reederei ließ er nicht locker. Er legte sich mit den Nazis in seiner Crew an. Er ließ auf dem Schiff eine provisorische Synagoge einrichten – und für die Dauer des Gottesdienstes das Hitler-Porträt abhängen. In seinen handschriftlichen Notizen fand sich später dieser Absatz über seine Rolle:

„Ich möchte dieses ganze Erlebnis, sosehr es mich erschütterte, nicht missen. Es war eine Aufgabe, die mehr Spuren in mir hinterließ als der Taifun in der Südsee. Wer sich in die verzweifelte Lage meiner Fahrgäste und meine Sorge um sie hineindenkt, wird mich verstehen. In der ganzen kritischen Zeit (...) widmete ich mich bei Tage den Fahrgästen und nachts dem Telegrammwechsel."

Denn nun begann eine Irrfahrt unter den Augen der Welt. Die New York Times berichtete auf ihrer Titelseite von der Abfahrt des Schiffes in Havanna. Vor Gustav Schröder, der sich vom Leichtmatrosen zum Kapitän eines der größten Passagierschiffe seiner Zeit hochgearbeitet hatte und sogar vom legendären Reeder Albert Ballin gefördert wurde, lagen Entscheidungen über Leben und Tod. Die Reederei in Hamburg wies ihn in einer verschlüsselten Nachricht an, bis spätestens zum 12. Juni Cuxhaven anzulaufen und die Passagiere zurückzubringen.

Wenige Tage später sollte die nächste Kreuzfahrt beginnen, von New York City aus.

Doch Schröder ging entgegen der Order zunächst nicht auf den Kurs Ost, sondern ließ die Küste Floridas ansteuern. Seine Hoffnung, in Gesprächen mit den Behörden Kubas oder den USA zu einer Lösung zu kommen, gab er nicht auf. An Bord hatten Passagiere ein Bord-Komitee gegründet. Schröder kündigte an, Flüchtlinge in Florida in Rettungsbooten an Land bringen zu lassen. Ein Plan, der von keinem Auftrag gedeckt war – und ihm jede Menge Ärger einbrachte.

Doch daraus wurde nichts.

Aus einem kleinen Hafen nahe Miami Beach lief der „St. Louis" ein Boot der amerikanischen Coast Guard entgegen. Die Aufforderung über Morsezeichen war unmissverständlich: Das Schiff sollte Abstand zur Küste gewinnen und werde beobachtet. Weitere Boote der Coast Guard tauchten auf, auch ein Flugzeug. An Bord verfasste das Komitee Telegramme mit Appellen an den amerikanischen Präsidenten Franklin Roosevelt, zumindest Frauen und Kinder an Land gehen zu lassen.

Doch Roosevelt lehnte die Hilfegesuche auf Druck seines Außenministers und Vertretern der Demokratischen Partei, die einen Konflikt mit Nazi-Deutschland vermeiden wollten, ab. Auch die kanadische Regierung weigerte sich, die jüdischen Flüchtlinge aufzunehmen. Kapitän Schröder war nun mit mehr als 900 verzweifelten Passagieren auf sich gestellt. Er schrieb: „‚Kapitän, wo fahren Sie uns hin?', fragen Passagiere, und zum ersten Mal in meinem Leben muss ich auf diese Frage antworten: ‚Das weiß ich noch nicht.'" In der Hamburger Reedereizentrale ging eine Nachricht der Gestapo ein: Man habe einen Schlepper gechartert, um 30 Gestapo-Leute bei der Ankunft in Cuxhaven an Bord bringen zu können. Die Passagiere sollten in Gewahrsam und anschließend in ein Konzentrationslager gebracht werden.

Am Montag, den 5. Juni, musste der Kapitän eine Entscheidung treffen. Treibstoff, Wasser und Proviant drohten knapp zu werden. Also doch Kurs Europa. Schröder postierte an 60 Positionen auf dem Schiff Wachen, um weitere Selbstmordversuche zu verhindern. Mehrere

Passagiere erlitten Nervenzusammenbrüche. An den darauffolgenden Tagen wurde das Wetter stürmischer, was die allgemeine Stimmung weiter verschlechterte. Passagiere litten unter Seekrankheit.

Kapitän Schröder entwickelte mit seinem Leitenden Ingenieur einen neuen Plan, den er auf einem kleinen Zettel notierte und zu seinen Reiseunterlagen steckte. Er beabsichtige, die Passagiere an der Englischen Kanalküste anzulanden – als Schiffbrüchige. „Zu diesem Zweck sollte das Schiff bei Ebbe, Nacht und Nebel sachte auf den Strand gesetzt und die Emigranten unter Vortäuschung einer Havarie und Feuer an Bord schnell an Land gebracht werden", schrieb er. Bei Flut könne das Schiff wieder freikommen. Sogar einen Ort für die unorthodoxe Rettungsaktion hatte er schon ausgewählt, irgendwo an der Küste nahe Plymouth. „Dieser Gedanke gab mir Ruhe und Sicherheit für das, was kommen sollte."

Was er beides gut gebrauchen konnte, denn am Freitag, 9. Juni, breitete sich Panik an Bord aus. Die männlichen Passagiere drängten Richtung Brücke. „Wir zwingen ihn umzukehren!" oder „Wir stecken das Schiff in Brand!", brüllte die Menge. Kapitän Schröder verhinderte eine drohende Meuterei, indem er von seinem England-Plan erzählte, und zwar so überzeugend, dass er diese Art Vertrauensabstimmung gewann. „Mir war, als ob die ganze ‚St. Louis' von der Welt ausgestoßen sei und müßte jetzt versuchen, diesen ungastlichen Planeten zu verlassen", beschrieb er die Lage in eigenen Worten. Weil sich die Gerüchte einer Meuterei hielten, ließ er fortan zudem scharfe Kontrollen durchführen und bat die Mitglieder des Komitees, die möglichen Brandstifter zu beobachten. Das Schiff stampfte weiter Richtung Europa.

Dienstag, 13. Juni. Ruhige See, sonniges Wetter, und im Funkraum der „St. Louis" trafen gute Nachrichten ein. Vier europäische Nationen erklärten sich bereit, Flüchtlinge aufzunehmen: Frankreich, die Niederlande, Belgien und England. Die Nachricht verbreitete sich an Bord wie eine Springflut und wurde tags darauf bei einer Generalversammlung im Speisesaal bestätigt. Freudentränen, Umarmungen, die Erleichterung war himmelweit. Abends wurde zum ersten Mal seit Wochen gefeiert. Zielhafen sollte Antwerpen sein.

Am Sonnabend, 17. Juni, erreichte die „St. Louis“ die belgische Hafenstadt. Am Scheldekai jubelten Menschen, Reporter aus vielen Ländern warteten, ein freudiges Durcheinander. Die Emigranten standen an der Reling, voller Glück. Noch an Bord hatte man sie auf ihre Bestimmungsländer verteilt. Manch einen zog es nach England, aus dem Gefühl, „Wasser zwischen uns und Deutschland zu bekommen“, wie es eine Passagierin beschrieb. Noch am gleichen Tag brachte ein bewachter Sonderzug das belgische Kontingent, 214 Menschen, nach Brüssel, wo die Menschen in Hotels untergebracht wurden. 181 Emigranten nahmen eine Fähre in die Niederlande, 227 reisten mit einem Hapag-Frachter nach Boulogne-sur-Mer, und 284 stiegen auf ein Schiff und später in einen Sonderzug nach London.

Kapitän Schröder lief, nachdem er Treibstoff und Proviant gebunkert hatte, mit der „St. Louis“ zurück über den Atlantik. In New York startete kurze Zeit später eine Kreuzfahrt mit 500 Passagieren in die Karibik. Die nächsten Wochen nannte er die „schönsten seines Lebens“, weil ihn seine Familie auf den Reisen begleiten durfte. Die vierte geplante Kreuzfahrt, die am 28. August starten sollte, sagte die Reederei kurzfristig ab. In einer verschlüsselten Nachricht wies man Schröder an, wegen der drohenden Kriegsgefahr das Schiff zu tarnen und nach Deutschland zurückzukehren. In der Nacht zum 29. August warf die Crew an der Hapag-Pier, 46th Street, Manhattan, die Leinen los.

Was geschah mit den Emigranten der „St. Louis“?

Von jenen, die in Frankreich, Belgien und Holland strandeten, überlebten die meisten den Holocaust tragischerweise nicht. Bessere Chancen hatten jene, die nach England gebracht wurden, wo man sie als „Enemy Aliens“ in Flüchtlingslagern internierte. 80 ehemalige Passagiere der „St. Louis“ verloren ihr Leben, als sie mit dem Transportschiff „Arandora Star“ nach Kanada gebracht werden sollten. Das Schiff wurde von einem Torpedo des deutschen U-Boots U47 versenkt. Insgesamt geht man nach neueren Forschungen davon aus, dass nur 254 ehemalige Passagiere der „St. Louis“ den Zweiten Weltkrieg überlebten.

Kapitän Gustav Schröder erhielt 1957 für „Verdienste um Volk und Land bei der Rettung von Emigranten“ das Bundesverdienstkreuz am Bande. Der Staat Israel ehrte ihn posthum (Schröder starb 1959 in Hamburg) durch die Aufnahme in den Kreis der „Gerechten unter den Völkern“. An den Landungsbrücken von Sankt Pauli erinnert heute eine Gedenktafel an die Geschichte der „St. Louis“, und im Hamburger Stadtteil Langenhorn gibt es einen Kapitän-Gustav-Schröder-Weg. Er hatte versucht, das Richtige zu tun, auch wenn es bedeutete, dafür Anweisungen zu ignorieren oder persönlich viel zu riskieren. Es ist schwer einzuschätzen, wie das Dritte Reich und die Reedereileitung auf ein geglücktes Anlandemanöver in Florida oder an der Südküste Englands reagiert hätten. Zu vermuten ist, dass der Kapitän ein hohes persönliches Risiko einging, nicht nur für seine Karriere als Seemann. Er war einfach ein Kapitän, dessen moralischer Kompass einwandfrei funktionierte. Kapitän Gustav Schröder ist bis heute Vorbild für alle, die im falschesten aller Momente nicht den Willen aufgeben, das Richtige zu tun.

Im September 2012 entschuldigte sich das US-amerikanische Außenministerium für die feige Abfuhr. 14 ehemalige Passagiere der „St. Louis“ wohnten der Zeremonie bei. Sechs Jahre später bat auch der kanadische Premierminister Justin Trudeau um Verzeihung für die „Herzlosigkeit“ seines Landes. Kanada habe, so Trudeau, zum „grausamen Schicksal“ vieler Menschen beigetragen.

Nur die Regierung Kubas, die entschuldigte sich bislang nicht.

„Welchen Wert hat Freiheit?
Was ist es uns wert, diese
Freiheit zu verteidigen?“

HELDEN

Das Bild des Kapitäns, der als Letzter auf seinem Schiff bleibt, bis alle anderen in Sicherheit sind, hat sich tief eingeprägt. Es steht für den Gedanken, dem Leben anvertrauter Personen mehr Bedeutung beizumessen als dem eigenen. Es steht für Mut und für Selbstlosigkeit. Doch wie kam es dazu?

Eine der ersten dokumentierten Havarien, in denen der Kapitän Standfestigkeit bewies, ereignete sich auf dem US-amerikanischen Postdampfer „Central America". Im September 1857 sank das Schiff in einem Hurrikan vor Cape Hatteras an der Küste von North Carolina. An Bord: 575 Menschen. Nach dem Ausfall der Maschine wusste Kapitän Herndon, dass sein Schiff dem Untergang geweiht war. Es gab keine Chance, diesem Sturm zu entkommen, nachdem eingedrungenes Seewasser die Feuer in den Kesseln geflutet hatte. Er ließ die Flagge verkehrt herum aufziehen, in der Hoffnung, dass die Besatzung eines anderen Schiffs das Signal sehen werde, und tatsächlich: Kurz nach Mittag am 12. September näherte sich die kleine Brigg „Marine" dem Havaristen. Klar war aber auch, dass nicht alle Passagiere und Crewmitglieder auf dem Schiff der Retter Platz finden würden.

Nun gab der Kapitän Befehl, Frauen und Kinder in Sicherheit zu bringen. Kraft seiner Autorität kontrollierte er, dass sie in Überlebensboote gesetzt und zur „Marine" hinübergerudert wurden. Ein extrem gefährliches Manöver, das aber 152 Menschen das Leben schenkte.

Einer der Geretteten drückte Kapitän Herndon seine Uhr in die Hand. „Bitte sorgen Sie dafür, dass meine geliebte Frau sie erhält", sagte er. „Ich kann das Schiff nicht verlassen, solange noch eine einzige Seele an Bord ist."

Als Frauen und Kinder von Bord waren, begannen die Männer damit, Teile vom Deck der „Central America" zu brechen, in der Hoffnung, sie nach dem Untergang als Schwimmhilfen nutzen zu können. Die meisten der verbliebenen 423 Personen an Bord hatten keine Chance. Der Verlust der „Central America" ging als eine der schlimmsten zivilen Tragödien in die amerikanische Seefahrtsgeschichte ein und als jene, die die meisten Opfer forderte. Einige wurden von vorbeifahrenden Frachtern gerettet, und die wenigen Überlebenden berichten, dass sie Kapitän Herndon in den letzten Momenten des Untergangs sahen. Er stand in seiner Uniform im Steuerhaus, eine Hand am Ruder, in der anderen sein Hut, beim Gebet.

Welch ein Symbol.

Was manche Kapitäne auszeichnet, das ist die Haltung, unter keinen Umständen aufgeben zu wollen. Widerstandsfähigkeit selbst in der schwersten Stunde. Jackenkragen hochstellen, Mütze tief ins Gesicht ziehen und dem Sturm ins Auge sehen. Einer jener Kapitäne, der mich besonders beeindruckte, ist Friedhelm von Staa, Jahrgang 1949, ein Trawlerkapitän aus Cuxhaven. Von Staa sieht aus wie ein in Würde gealterter französischer Rockstar. Er hat in manchen Momenten so einen Blick, an dem man merkt, dass er sich von niemandem irgendetwas bieten lässt. Sein Schiff aufgeben? Kommt für ihn gar nicht infrage. „Ich verlasse mein Schiff nicht, solange es irgendeine Möglichkeit zur Rettung gibt", sagte er mir.

Fischer sind ohnehin besonders gestrickt. Gefahr? Schieben sie meisterhaft zur Seite. Zu meiner Überraschung stimmte sogar das Gerücht, dass die meisten von ihnen nicht schwimmen könnten. Den Grund lieferte ein alter Fischer gleich mit: Dann sei die Angelegenheit im Falle eines Untergangs schneller vorbei. Schließlich sei eine Rettung in einem schweren Sturm auf dem Nordatlantik ohnehin nicht zu erwarten. Tatsächlich ist die Liste der Tragödien lang. Alleine vor der schroffen Südküste Islands ertranken, so eine grobe Schätzung, mehr als tausend deutsche Fischer. Man setzte ihnen in Vik zur Erinnerung ein Denkmal.

Mehrfach schwebte auch Kapitän von Staa in größter Gefahr. Einmal schlug ihm eine Monsterwelle ein Brückenfenster ein, in einem brutalen Fallwind von den Gletschern Grönlands, den die Einheimischen „Piteraq" nennen, was übersetzt so viel bedeutet wie „etwas, das einen überfällt". Die Panzerglasscheibe splitterte zum Glück nicht und verfehlte ihn knapp, was ihm das Leben rettete, und es gelang ihm und seiner Crew, trotz eines Ausfalls aller Systeme auf der Brücke das Fangfabrikschiff aus der extremen Notlage zu befreien. Dazu kommen wir später.

Was ich an ihm bewundere, ist seine Resilienz, wie auch ein weiteres Ereignis zeigt. Im Mai 2000 fischte er mit seinem Trawler unter Grönland. An Bord liefen Routinearbeiten, man fischte unter ziemlich ruppigen Bedingungen, also typischem Nordatlantikwetter auf Heilbutt, als ein Crewmitglied auf die Brücke stürmte. „Kapitän, wir haben ein Feuer an Bord!" Es brannte im Maschinenleitstand. Als ein Feuerstoßtrupp die Flammen gelöscht hatte, wurde klar, dass das Feuer bereits in die Verschalungen und Schaltschränke gekrochen war und weiter schwelte. Der Kapitän stellte den „Verschlusszustand" her, riegelte den Raum also ab und flutete ihn mit CO_2, um die Flammen zu ersticken.

Ein anderer Trawler war nach dem „Mayday" zu Hilfe geeilt. Von Staa gab Befehl, das Schiff zu evakuieren. 21 Männer kletterten über Jakobsleitern von Bord und fuhren mit Schlauchbooten hinüber zu ihren Rettern. Keine einfache Sache bei Wind nahe Sturmstärke auf dem Ozean, doch es gelang. Einer aber verließ das Schiff nicht: Kapitän von Staa.

„Warum denn auch?", fragte er.

Nun möchte ich gar nicht in seemännische Details gehen und in die Unterschiede von Schleppen und Bergen, die eine Reederei viele Hunderttausend Euro kosten kann. Eine Bergung, bei der Hochseeschlepper ein verunglücktes Schiff „auf den Haken" nehmen, ist eine sehr kostspielige Angelegenheit. Für von Staa jedoch ging es nicht nur ums Geld. Es war für ihn eine Frage der seemännischen Ehre. Solange er noch irgendeine Chance sah, sein Schiff zu retten und den wirtschaftlichen Schaden so klein wie möglich zu halten, würde er es versuchen.

Also machte er es sich mit seinem Überlebensanzug an Deck „gemütlich", bei neun Beaufort und enormem Wellengang. Unter Deck oder auf die Brücke konnte er sich auf keinen Fall zurückziehen, wegen der giftigen Dämpfe. Von Staa wählte einen Haufen Netze in einer geschützten Ecke als Lager und ließ sich Essen und Getränke mit einem Rettungsboot bringen.

Am zweiten Tag kam mit der Ration die Anweisung des Reeders, er möge das Schiff nun verlassen. Weil von Staa dies nicht glauben mochte, war dann ein Telex nötig, dessen Inhalt nicht misszuverstehen war, um den Kapitän von seinem Schiff zu bekommen. Das war an Tag drei. Von Staa sah seine Mission erfüllt. Der Trawler wurde inzwischen Richtung Reykjavík geschleppt, was aber, weil er solange an Bord war, nicht als volle Bergung, sondern als „Hilfeleistung" deklariert werden konnte. Als die Feuerwehr auf Island an Bord ging, war das Feuer komplett erloschen. Das Verhalten des Kapitäns hatte das Schiff gerettet und obendrein der Reederei viel Geld gespart. Sogar das gekappte Fanggeschirr holte von Staa nach den Reparaturarbeiten noch vom Grund des Nordatlantiks. Kein Wunder also, dass ihm die Seeämter in Reykjavík und Emden, die den Unfall untersuchten, hervorragende Seemannschaft attestierten.

Wie viele Menschen an Land hätten das Unglück hingenommen? Zahlt doch der reiche Reeder oder die Versicherung, oder?

Nicht aber von Staa, und da schwingt eine Grundhaltung mit, die mir bei anderen häufig fehlt. Wer denkt wirklich noch an etwas anderes als sich selbst und das eigene Interesse? Wer wäre bereit, etwas zu riskieren, was – in diesem Fall abgesehen von der Reputation – ihm keinen direkten Vorteil brachte. Ein kokelndes Schiff voller giftiger Dämpfe bei schwerer See hätte von Staa ganz bestimmt auch ohne Gesichtsverlust verlassen können. Er machte das aber mit sich selbst aus.

Diese Haltung, hartnäckig und kompromisslos um etwas zu kämpfen, mag ich sehr. Was ein Kapitän von Staa zeigte, ist für mich wie eine Demonstration gegen Bequemlichkeit und Larmoyanz. Die Botschaft, die von diesem Handeln ausgeht, ist so wertvoll. Es lohnt, für etwas, das wichtig ist, zu kämpfen. Es lohnt, das eigene Schiff zu verteidigen. Es ist richtig, dafür ein Risiko einzugehen und die eigene Komfortzone zu verlassen. Sonst wird es sie womöglich nicht mehr lange geben.

Welchen Wert hat Freiheit? Was ist es uns wert, diese Freiheit zu verteidigen? Eine wichtige Frage in einer Zeit, in der wir uns in einem hybriden Krieg mit einem mafiösen Regime in Russland befinden. Immer wieder wird zu Recht darauf hingewiesen, dass wir die Ukraine in ihrer Verteidigung unterstützen, weil das Land auch unsere Werte und unsere Demokratie verteidigt. Weil niemand wissen kann, wie weit der russische Diktator Wladimir Putin noch geht.

Manche scheinen bereit zu sein, für die Hoffnung auf die Rückkehr in einen Status quo – den es nie mehr geben wird, weil es ihn nicht mehr geben kann – letzte Reste von Integrität aufzugeben. Was aber auch leicht gemacht wird in einem gesellschaftlichen Klima, das von Hadern und Zaudern und Jammern geprägt ist. Ja, es gibt große Probleme. Ja, die Zeiten sind schwierig.

Aber: Das muss das Boot abkönnen.

DER STURE DÄNE

In einem anderen Fall ging die Resilienz eines Kapitäns noch weiter – und sorgte für Schlagzeilen auf beiden Seiten des Atlantiks und für ein Titelbild der Illustrierten „Paris Match". Der Zeitpunkt, an dem die Widerstandsfähigkeit eines dänischen Seemanns für internationale Bewunderung sorgte, ist kein Zufall. Die Öffentlichkeit sehnte sich nach einem Vorbild in einer Zeit, in der es um den Wiederaufbau nach der Zerstörung ging. Es war die Zeit der Anpacker.

Im Dezember 1951 dampfte der Frachter „Flying Enterprise" von Hamburg nach New York. Westlich der Britischen Inseln geriet das Schiff in einen Orkan. Der Ruderschaft brach. Weil das Schiff heftig in der See rollte, verrutschte die Ladung aus Roheisen. Das Schiff legte sich stark auf die Seite, mit bis zu 50 Grad, und der Untergang schien unausweichlich und nur eine Frage der Zeit zu sein. Kapitän Hendrik Kurt Carlsen, ein Däne, Mitte 30, ließ ein „Mayday" funken. Mehrere Frachter eilten zu Hilfe, und als sich das Wetter etwas beruhigte, ließ Kapitän Carlsen seine Crew und einige Passagiere in Sicherheit bringen. Er aber blieb an Bord.

Er wollte auf den Schlepper warten, ließ er ausrichten.

Als die Helfer mit der „Turmoil" zwei Tage später eintrafen, war das Wetter noch immer mies, und die „Flying Enterprise" lag mit 60 Grad auf der Seite. So weit, dass sich mancher an Bord des Schleppers fragte, ob ein Rettungsversuch überhaupt einen Sinn ergab. Mehrere Versuche, eine Leinenverbindung herzustellen, scheiterten, und der Kapitän des Schleppers fragte bei Carlsen nach, ob es nicht vielleicht doch eine kluge Idee sei, das Schiff aufzugeben. Der aber lehnte ab und bat stattdessen um einen Seemann als Unterstützung. Offenkundig inspiriert von dieser Widerstandsfähigkeit – und sicherlich auch motiviert von der Aussicht auf Bergelohn –, meldete sich der Erste Offizier, ein Brite namens Kenneth Dancy. In einem Interview gab er später an, leise Zweifel gehabt zu haben, ob der Däne an Bord des Havaristen womöglich ein klein wenig verrückt sei.

Mit einem kühnen Manöver gelang es Dancy zunächst, mit einem Sprung auf die „Flying Enterprise“ zu gelangen. An Bord angekommen, schüttelten die Männer die Hände. „Ich war überrascht von der Fröhlichkeit des Kapitäns“, erinnerte sich Dancy. Er sei niemals zuvor jemandem begegnet, der in einer solch verzweifelten Lage einen derartigen Optimismus versprühte. Ihre ersten Versuche, eine Trosse auf einem Poller zu belegen, scheiterten allerdings, und die Arbeiten mussten wegen der einbrechenden Dunkelheit abgebrochen werden. Es war auf dem stark rollenden Schiff zu gefährlich.

Weil das Schiff so stark auf der Seite lag, war es nur möglich, sich auf allen vieren fortzubewegen. Dancy schlug vor, an Deck zu übernachten, weil er fürchtete, im Falle eines schnellen Kenterns vom untergehenden Schiff in die Tiefe gerissen zu werden. Doch Carlsen widersprach. Er werde die Nacht an Deck nicht überleben, sondern in Wind und Regen an Unterkühlung sterben. Der Brite willigte schließlich ein, in der Kabine des Funkers zu übernachten, und befolgte auch den Rat, so viele Kräfte wie möglich zu sammeln und zu ruhen. Man könnte schließlich nie wissen, wann es auf diese letzte zusätzliche Reserve an Energie ankommen würde. Am Morgen des 5. Januar 1952, einem Samstag, gelang es Männern, eine Leinenverbindung herzustellen. Mit drei Knoten Geschwindigkeit zog Schlepper „Turmoil“ den Havaristen nun in Richtung des Nothafens Falmouth an der Küste von Cornwall. Vierhundert Seemeilen lagen vor ihnen. Das Schiff krängte um 75 Grad. Dancy berichtete später, dass der Kapitän seine Kabine mit viel Sorgsamkeit und einem Sinn für Gemütlichkeit ausgestattet hatte und in jedem Hafen frische Blumen kaufte und auf Pflanzen Wert legte. Auf die Frage, wie er es insgesamt sechs Tage lang alleine auf dem Havaristen in Schräglage ausgehalten hatte, antwortete Carlsen, er sei es als Kapitän gewohnt, mit Einsamkeit umzugehen. Wenn ein Kapitän seine Autorität bewahren wollte, dann bliebe ihm keine andere Wahl, als sein Leben allein zu verbringen. Auch nach einigen gemeinsamen Jahren auf See habe er seine Offiziere stets mit „Mister“ angesprochen und sich „Sir“ nennen lassen.

In den nächsten Tagen schafften es Carlsen und Dancy, einen versperrten Schrank aufzustemmen und trockene Kleidung herauszuziehen. Mangels Frischwasser an Bord tranken sie Bier und Wein, doch mit großer Vorsicht, um nicht benebelt auf dem schwankenden Schiff zu stürzen. Carlsen versuchte sogar, sich mit erwärmtem Bier zu rasieren, was allerdings misslang. Als Hauptnahrungsquelle diente ein gewaltiger Trockenkuchen, den der Schiffskoch der „Flying Enterprise" für die Weihnachtsfeier gebacken hatte.

Abends hockten die Seeleute in der Kammer und hörten über ein Radio die Nachrichten der BBC. Sie bekamen also mit, welche Wellen ihre Rettungsaktion schlug. Sie bestimmte die Schlagzeilen der Zeitungen von New York bis London, sogar in Stockholm, Paris und Rio de Janeiro. Im Hafen von Falmouth eröffneten Hotels, die eigentlich in der Winterpause waren, wieder für Reporter aus allen Ländern. Medienunternehmen überboten sich gegenseitig in Angeboten für den Kapitän, der ihnen exklusiv seine Geschichte erzählen sollte. Angeblich lag ein Filmangebot vor, bei dem Orson Welles Regie führen wollte. Der Schleppverband tuckerte derweil mit langsamer Fahrt weiter Richtung Falmouth. Doch dann zog der nächste Sturm auf.

In der Nacht brach die Schlepptrosse. Die Crew des Schleppers machte die schlafenden Seeleute darauf aufmerksam, indem sie eine Sirene aufheulen ließ. Carlsen sah aus, als habe ihm jemand ins Gesicht geschlagen, erinnerte sich Dancy. Nach Sonnenaufgang versuchten sie es wieder und wieder, eine Verbindung herzustellen. Doch das Schiff lag nun fast mit 90 Grad auf der Seite, und die Wellen klatschten gegen das fast senkrecht stehende Deck. Ein Brecher schwemmte Dancy mit. Im letzten Moment gelang es ihm, sich festzuhalten.

Als die Lage am nächsten Tag unverändert war, forderte der Kapitän des Schleppers Carlsen auf, nun zur Sicherheit aller Beteiligter aufzugeben. Die Royal Navy werde einen Helikopter senden, um beide aufzunehmen. Carlsen gab zurück: „Es ist reizend, dass die Royal Navy einen Hubschrauber schicken möchte, doch ich bleibe an Bord."

Dancy gab an, zu diesem Zeitpunkt die Hoffnung auf Rettung des Schiffes verloren zu haben. Aus Respekt vor dem Kapitän behielt er diese Ansicht aber für sich. Wenige Stunden später aber sah auch der sture Däne ein, dass es unmöglich war, den Nothafen zu erreichen, auch wenn dieser nun nicht mehr weit entfernt war.

„Das Schiff nimmt jetzt eine Menge Wasser", meldete er an den Schlepper. Er wolle sein Schiff mit dem zugesagten Hubschrauber verlassen. Dieser flog auch los, musste dann jedoch wieder abdrehen. Der Sturm war zu stark. Carlsen und Dancy überlegten nun, wo sie am besten in die See sprangen, ohne in den Sog des Havaristen zu geraten. Die „Flying Enterprise" konnte nun in jeder Minute sinken.

Die Männer zogen ihre Überlebenswesten über und hielten einander an den Händen, um von der Crew des Schleppers schneller gemeinsam aus dem Meer gezogen werden zu können. Wenige Minuten später befanden sie sich in Sicherheit.

Carlsen stand an Deck, als die „Flying Enterprise" über das Heck sank, 53 Seemeilen vor dem Hafen von Falmouth. In eine Tiefe, in der eine Bergung nicht infrage kam. „Ich habe mein Bestes gegeben", sagte Carlsen. „Es war nicht zu ändern." Dann ging er schlafen.

In Falmouth wurden er und Dancy wie Helden empfangen. Beinahe vierhundert Journalisten aus aller Welt drängelten sich auf einer Pressekonferenz. Die beiden Seeleute, die um ihr Schiff kämpften, waren zu internationalen Stars geworden. Zu Vorbildern für eine Welt, die nach dem Krieg für Kleinigkeiten im Alltag rackern musste. Die deutsche Wochenzeitschrift „Die Zeit" nannte Carlsen „einen echten Kapitän". Angebotene Exklusivverträge lehnten beide ab. Dancy ärgerte sich über die Offerten und sagte: „Hätte ich das Geld genommen, dann könnte ich nie wieder einem anderen Seemann ins Gesicht sehen. Was dachten die sich: Ich sei Errol Flynn?"

Der Trubel um Kapitän Carlsen, der sogar vom dänischen Königspaar in Kopenhagen empfangen wurde, nahm Ausmaße an, die dem Seemann immer unangenehmer wurden. Er war ein Star auf Zeit. Reporter folgten ihm auf Schritt und Tritt. Der Versicherer Lloyd's of

„Ich habe mein Bestes gegeben“, sagte Carlsen. „Es war nicht zu ändern.“ Dann ging er schlafen.

London und der amerikanische Kongress ehrten ihn, und ein Hollywood-Studio soll eine – für die damalige Zeit unvorstellbare – Summe von 2,5 Millionen US-Dollar geboten haben, um seinen 13-tägigen Kampf um das Schiff verfilmen zu können.

Carlsen lehnte ab.

KAPITÄNE GEGEN INFLUENCER

Ich empfinde es als unglaublich wohltuend zu sehen, wie der Kutterkapitän aus Fedderwardersiel, ein von Staa oder Hritz oder Kapitän Carlsen gehandelt haben. Ich freute mich regelrecht darüber, diese Geschichten aufschreiben zu können. In welchem Kontrast steht das Selbstverständnis der Seeleute zu einem Zeitgeist, in dem sich viele Menschen für jede Nichtigkeit aufblasen. Die sozialen Medien können Leute miteinander verbinden, sie ermutigen, sie einen. Sie bringen aber auch eine neue Gattung von sogenannten Influencern hervor.

Die Kapitäne, von denen ich erzählte, sind der genaue Gegenentwurf zu diesen „Influencern". In einer Zeit, in der Aufmerksamkeit zur Währung wird, entwickelte sich eine Industrie, die mit vorgeblich Privatem viel Geld verdient. Unterschieden wird inzwischen sogar nach „Finfluencern" (für Finanzprodukte), „Kidfluencern" (Produkte für Kinder und Familien) oder „Petfluencern" (Tiere). Neulich las ich von einer Dame, die ihren Reizdarm monetarisierte.

Reichtum und Ruhm durch Klicks im Internet als Lebenskonzept, und wo die Aufmerksamkeit herkommt? Das erscheint zweitrangig. Mir fallen Karrieren ein wie die eines Einzelhandelskaufmanns mit Drogenproblemen aus Buxtehude, der es mit Videospielen, die er ins Internet streamt, zum Millionär brachte. Erfolgsgeheimnis neben virtuellem Geballer: ein maximal prolliges Verhalten inklusive Provokation. Mal filmt und belästigt er im Urlaub eine andere Urlauberin vom Balkon, mal taucht in seiner Werbung für eine Kryptowährung ein

Hakenkreuz auf, und es ist genau dieses Spiel mit Entgleisungen, das für noch mehr Aufsehen und Klicks sorgt – und für einen Lamborghini in der Garage.

Es geht natürlich noch ein paar Nummern größer als Buxtehude. Seit ein privates Sexvideo – na klar: rein zufällig in die Öffentlichkeit gelangte, schaffte es die Familie Kardashian, mit einer Mischung aus Exhibitionismus und öffentlicher Therapiesitzung einen Milliarden-Dollar-Unterhaltungskonzern aufzubauen. Eine Verkaufsmaschine, die von Prominenz befeuert wird, die wiederum alleine auf Bekanntheit gründet. Eine Figur namens Logan Paul wurde mit dem Prinzip Tabubruch zum Millionär. Tiere quälen, frauenfeindliche Witze reißen, auf einem Motorrad über den Strand eines Naturschutzgebiets rasen inklusive. Kennen muss man zur Einordnung dieses Charakters eigentlich nur eine Episode: Mit anderen YouTubern besucht Paul den Aokigahara, einen Wald östlich von Tokio, in dem sich viele junge Menschen das Leben nehmen. Die Gruppe vom Paul, der eine Kopfbedeckung aus einem Manga-Comic trägt, entdeckt eine Leiche. Der YouTuber filmt weiter, zeigt den Körper des Toten, und als jemand bemerkt, dass er sich nicht gut fühle, beginnt Logan zu lachen. „Hast du etwa noch nie neben einem Toten gestanden?“

Was sagt es aus über ein gesellschaftliches Werteverständnis, wenn es möglich ist, mit dieser Mischung aus Charakter- und Schamlosigkeit gewaltige Vermögen anzuhäufen? Und, noch bedrückender: junge Menschen anzuleiten, diesem Beispiel zu folgen?

Vor Kurzem hatte sich eine Jugendgruppe aus Brandenburg zu Besuch in unserem Verlagsgebäude „Alter Tanzsaal“ angemeldet, darunter einige Teenager aus sozial benachteiligten Familien. Der Betreuer erzählte mir vorab, dass diese Jugendlichen und jungen Erwachsenen täglich viele Stunden mit ihren Mobiltelefonen verbrachten und es vermutlich schwer sein würde, sie für eine längere Lesung zu begeistern. Ich bat die Kids, die vor der Couch in unserem „Wohnzimmer“ Platz nahmen, also erst mal, ihre Handys wegzupacken. Was einige mit einem Murren und Augenrollen quittierten. Als Geschichte hatte ich eine Episode aus „Sturmkap“ ausgesucht. Ich: „Könnt Ihr Euch vorstellen, von zu Hause fortzugehen, in den Hamburger Hafen zu fahren und auf ein Schiff zu gehen, das um Kap Hoorn nach Südamerika segelt? Ihr müsst in mehr als fünfzig Meter hohe Masten klettern. Im Orkan und bei riesigen Wellen. Wann Ihr zurückkommt, das kann niemand sagen. Na, was meint Ihr?“

Die Jugendlichen sahen mich erstaunt an. Dann begann die Lesung in den Masten vor Kap Hoorn. Kapitän Hans-Peter Jürgens, damals der Schiffsjunge an Bord der Viermastbark „Priwall“, erzählt darin von den Stürmen, von Schlafmangel, Kälte, Angst und einem Gefühl kompletter Erschöpfung nach Wochen der Entbehrung. Für manche Jugendliche, die schon eine mehrstündige Autofahrt als Zumutung empfinden, muss das alles klingen wie aus einem parallelen Universum. Der Prolog endet damit, dass Jürgens, der Schiffsjunge, überlegt, sich einfach nach hinten fallen zu lassen, weil er es nicht mehr aushält. Die Aufmerksamkeit der jungen Leute war nun voll entflammt, sie stellten Fragen und überlegten, ob sie das wohl aushalten würden. Die Antwort lautete: nein. Was die Reise der Jugendgruppe besonders machte, war der Besuch des Großseglers „Rickmer Rickmers“ am folgenden Tag. Ich hatte der Gruppe den Ratschlag mitgegeben, an Deck zu gehen, den Kopf in den Nacken zu legen und zu überlegen, dass die Masten der „Priwall“ noch höher waren – und dass sich das Schiff in den großen Wellen vor dem Sturmkap stark auf die Seite legen würde.

Einige Tage später kamen zwei E-Mails im Verlag an. Zwei Jugendliche aus der Gruppe dankten mir. Der eine schrieb, dass er viel über die Geschichte nachgedacht habe. Der andere, dass er seinen Konsum von TikTok massiv einschränkte. Selten habe ich mich so über eine Rückmeldung gefreut.

„Nirgendwo, an keinem anderen Ort der Welt kommt man sich so klein und unbedeutend vor wie auf dem Nordatlantik im Sturm.“

KAPITÄN JÜRGEN SCHWANDT, HAMBURG

DAS MUSS DAS BOOT ABKÖNNEN

„Das muss das Boot abkönnen". Dieser Satz wurde populär durch das Filmepos „Das Boot" von Wolfgang Petersen, das die Feindfahrt des deutschen U-Boots U-96 im Atlantik 1941 erzählt, nach der Vorlage des gleichnamigen Romans von Lothar-Günther Buchheim. Den Satz sagt der namenlose Kommandant, an Bord nur mit „Herr Kaleun" oder „der Alte" angesprochen, als das Boot auf Tiefe geht und sich die Besatzung sorgt, dass es vom Wasserdruck zerquetscht wird.

„Das muss das Boot abkönnen" hörte ich aber immer wieder von alten Kapitänen. Im Zusammenhang mit Stürmen, Entbehrungen, Problemen, so in der Art von „jetzt stell dich mal nicht so an". Dazu gibt es eine weitere Geschichte, die von unserer ersten großen Lesung handelt, kurz nach Gründung von Ankerherz im Jahr 2007.

Ich bin häufig gefragt worden, wie das ist, mit alten Kapitänen zu sprechen, zu diskutieren und ihre Geschichten aufzuschreiben. Das lässt sich nicht verallgemeinern. Manche Seeleute berichten gerne und ausführlich. Manche rückten mit Seefahrtsbuch, Logbuch und aus irgendeinem Archiv gezogenen Wetterberichten an. Andere waren eher brummig und antworteten mit „ja", „nein", „Scheißfrage", was die Gespräche dann in die Länge zog, denn die Geschichte sollte ja dennoch aufgeschrieben werden. Ein besonderer Fall war auch Kapitän Cassen Eils, Kap Hoornier und Gründer der Reederei, die als Erste in der Nachkriegszeit wieder nach Helgoland fuhr. Ich rief ihn an.

„Moin, Herr Kapitän, ich würde mich gerne mit Ihnen über eine Geschichte von See..." Es klackte, die Leitung war tot. Wahlwiederholung.

„Jo?"

„Entschuldigung, die Leitung war tot."

„Die war nicht tot, ich habe aufgelegt." Klack. Wahlwiederholung.

„Du bist ja ein ganz Hartnäckiger. Na, dann komm mal rum."

Wie alte Kapitäne ticken, das zeigt auch eine Episode aus der Hamburger Haifisch Bar ganz gut. Gert Schlufter, der Chef des Hai, alter

Sankt Paulianer und ehemaliger Schiffskoch, hatte alle Seeleute aus unserem Buch „Orkanfahrt“ zum Labskaus eingeladen. Das Astra floss zügig, und aus der Musikbox sang Freddy Quinn in endloser Schleife. Am Tresen neben mir hockte Kapitän Emil Feith und hielt sein Pilsglas fest. Wie immer mit „Dienstgesicht“, wir kennen das.

Mit einem Mal starrte er zur Tür, als sehe er eine Erscheinung. Als komme Hans Albers mit angeklebten Brüsten herein. Es war ein älterer Herr mit blauer Jacke und weißem Bart, der aussah wie der Zweitplatzierte beim Ernest-Hemingway-Doppelgängerwettbewerb.

„Mensch … das … das … gibt's doch nicht“, murmelte Feith.

Er stand auf. Die Männer fielen sich in die Arme. Kapitän Günther Langowski, so hieß der andere Seemann, hatte vor Rührung feuchte Augen. Noch mehr Schulterklopfen, noch mehr „Gibt's doch gar nicht“. In den nächsten Stunden konnte man beobachten, wie die beiden Passbildautomatenfotos von Kindern und Enkeln aus ihren Portemonnaies pulten und aus ihrem Leben erzählten.

Vor knapp fünfzig Jahren waren sie Freunde gewesen und hatten sich zuletzt in der Haifisch Bar gesehen. Es muss, so zumindest die Legende, eine furchtbare Prügelei mit der Besatzung eines englischen Fischtrawlers gegeben haben. Am Morgen danach war jeder an Bord eines anderen Schiffes gegangen – und sie hatten sich nie wieder gesehen.

Warum haben Sie nicht einfach im Hamburger Telefonbuch nachgesehen und Kontakt aufgenommen?

Sie haben meine Frage nicht beantwortet. Zuerst taten sie, als hätten sie sie nicht gehört. Dann taten sie so, als hätten sie sie nicht verstanden. Feith trug wieder Dienstgesicht. Vielleicht gibt es auch gar nichts zu verstehen, denn alte Seeleute sind so. Draußen auf See, wenn es um nichts anderes als ums Überleben ging, wenn der Sturm wütete oder die Ladung verrutschte oder in manchen Häfen Verbrecher das Schiff bedrohten, hielten sie zusammen. Matrosen noch mehr als Kapitäne, von denen sich gerade die alten als einsame Seewölfe sehen. Ich bin nicht sicher, ob sich die Kapitäne aus der Haifisch Bar nach jener Nacht jemals wiedersahen. Alles war gesagt.

Doch zurück zu jenem Abend, der für mich für immer mit dem „Das muss das Boot abkönnen“ verbunden sein wird. „Orkanfahrt“ war erschienen, unsere erste Anthologie, und der NDR lud uns ein, zur feinen Literatur-Reihe „Der Norden liest“. Die erste große Lesung, gleich im Schifffahrtsmuseum an der Hafenkante von Flensburg, wir waren aufgeregt. Ein bekannter Radiomoderator führte durch den Abend, das Fernsehen vor Ort, das Radio auch, große Sache. Auf die Bühne sollten nur die Kapitäne, nicht der Autor, aber das war natürlich in Ordnung. Wir saßen also im Saal, unter dem Modell eines alten Segelschiffs, und waren ein bisschen nervös.

Als Erstes kam also Kapitän A auf die Bühne. Beifall, lobende Worte des Moderators, das Mikro wurde zurechtgerückt. Es ging los, Herzklopfen.

„Ich möchte mal vorwegschicken, dass das gar nicht meine beste Geschichte ist. Ich lese nur unter Protest“, brummte der Seemann. „Ich hatte eine richtig tolle Sturmgeschichte. Aber die wollte der Herr Kruecken ja nicht hören.“

Raunen im Saal. Ein gefühlter Herzaussetzer. Hatte er das gerade wirklich gesagt? Ich hatte Kapitän A nach einer Sturmgeschichte gefragt, aber sie war weit weniger spektakulär als andere Orkanfahrten, die es ins Buch schafften. Der Moderator machte eine launige Bemerkung über Stürme im Allgemeinen und Seemannsgarn im Besonderen, das Publikum lachte.

Kapitän B kam auf die Bühne. In seiner Story geht es um eine Episode als junger Matrose, wegen der er „achtern raussegelte“, wie es in der Sprache der Seefahrer heißt, wenn man sein Schiff fahren lässt. Ein launige, kleine Liebesgeschichte in Kanada, in der ein Cadillac, breitschultrige Brüder in Holzfällerhemden und ein hormoneller Ausnahmezustand eine Rolle spielen, eigentlich konnte nichts schiefgehen. Kapitän B aber maulte: „Moin. Also, ich hab’ ja selber auch was geschrieben. Das ist viel besser.“ Mit diesen Worten kramte er in einer Aktentasche und legte einige Kladden auf den Tisch. Eine hielt er hoch.

„Unbedingt zu empfehlen."

Wieder Raunen im Saal. Der Moderator, auch einigermaßen überrascht, erinnerte ihn aber charmant daran, weshalb er eingeladen war. Ich sah mich derweil nach dem Notausgang um, beruhigte mich aber, als Kapitän C auf die Bühne stieg. Es konnte nun nicht mehr schlimmer werden.

Ich lag daneben.

Jeder kannte diesen Kapitän unter dem Spitznamen „Kuddel", wirklich jeder, seine Freunde, die anderen Kapitäne, sogar die eigene Frau rief ihn so: „Kuddel." Der Name steht also auch als zusätzlicher Vorname im Buch, und für den Moderator bot er eine Gelegenheit, mit kurzem Schnack ins eigentliche Gespräch einzusteigen.

„Lustiger Kosename. Wieso heißen Sie eigentlich Kuddel?", fragte er also.

Der Kapitän schob die Brauen zusammen, er sah streng aus.

„Weiß ich auch nicht. Das ist wohl die künstlerische Freiheit von Herrn Kruecken! Mich nennt niemand so."

Das Raunen im Saal schwoll nun zu etwas an, das sich für mich wie eine Brandung anhörte, gemischt mit plätscherndem Gelächter. So ähnlich muss sich jemand vorkommen, der auf dem Stuhl bei Günther Jauch fulminant an der 50-Euro-Frage scheitert, der beim Elfmeter im Pokalfinale über den Ball tritt oder dem während der Hochzeit ein zarter Rülps entfährt.

Ich sah nach oben. Konnte mir bitte dieses Schiffsmodell auf den Kopf fallen?

Der Moderator – er sei für seine dreifache Loyalität gepriesen – reagierte erstaunt und verwies auf einen Ruf der Frau des Kapitäns. Habe er sich da verhört? Der Kapitän grunzte unwillig und begann, seine Geschichte zu lesen, in der er seinen Vater auf einem anderen Schiff mitten in der Weite des Nordatlantiks trifft. Beifall, Interviews, Signierstunde, die Leute im Saal und die Leute vom NDR waren zufrieden, und überhaupt schienen alle ihren Spaß zu haben. Der Tross zog schließlich weiter in eine damals noch sehr verrauchte Kneipe direkt an der Hafenkante. Kapitän A wollte mit mir unbedingt einen „Friedensschnaps“ trinken, Kapitän B schrie mir fortlaufend Verbesserungsvorschläge ins Ohr. Kapitän C ging mir aus dem Weg, aber ich wollte natürlich schon gerne wissen, was das denn eben sollte? Er grinste mich an.

„Jong, weißte was: Das muss das Boot abkönnen.“ Mit diesen Worten schlug er mir auf die Schulter, drehte sich um und ging.

SCHURKEN

Für die Glorifizierung des Berufsstandes „Kapitän“ gibt es keinen Anlass, das wäre reichlich albern. Es gibt eine Menge Helden, es gab aber auch einen Haufen Scharlatane und Schurken. Die Machtfülle, mit der Kapitäne vor allem in früheren Zeiten ausgestattet waren, als sie die „Master next God“ waren und halbgottgleich über die Meere segeln ließen, sorgte auch für einen Missbrauch ebendieser Macht. Manche Crews erwartete eine regelrechte Hölle an Bord. An dieser Stelle bin ich sicher, dass die meisten Leser nun an die „Bounty“ denken, die berühmteste Meuterei in der Geschichte der Seefahrt. Doch damit verhielt es sich anders als in den Drehbüchern von Hollywood.

Wer die Geschichte eines sadistischen Kapitäns sucht, der seine Crew mit der „neunschwänzigen Katze“ regierte – eine berüchtigte Peitsche mit neun Enden –, der findet sie in den Aufzeichnungen des britischen Schiffs „Hermione“. Schreie von Schmerzen über Deck. Ausgemergelte Matrosen, die mit ansehen mussten, wie grinsende, wohlgenährte Offiziere die Gewalt genossen. So in etwa hat es sich zugetragen an Bord der „Hermione“, einer Fregatte der Royal Navy, deren Auftrag es war, königliche Handelsschiffe zu schützen, die mit Baumwolle, Tabak und Kaffee aus der Karibik nach England segelten – und die ein begehrtes Ziel von Piraten waren. Das Kommando hatte im September 1797 ein Kapitän namens Hugh Pigot, der als einer der schlimmsten Schinder in die Geschichte der Seefahrt eingehen sollte.

Das Schiff war unterwegs in der Karibik, als überraschend ein Sturm mit starken Regenschauern aufzog. Pigot schickte Matrosen in die Masten, um die schlagenden Segel zu bergen. Doch die Manöver gingen ihm nicht schnell genug. Er kündigte an, den Seemann, der als Letzter zurück an Deck stehe, auspeitschen zu lassen. Die Matrosen beeilten sich, denn sie wussten, was diese Drohung bedeutete: Es war eine gängige, brutale Praxis an Bord. Hektisch kletterten sie hinab, obwohl das Schiff schwer in der See rollte und der Sturm ihnen zusetzte.

Drei stürzten auf Deck. Sie waren auf der Stelle tot.

Kapitän Pigot ordnete mit den Worten *„throw the lubbers overboard"* an, ihre Leichen ins Meer zu werfen. Der Begriff „lubbers" ist einer der abfälligsten, die zu jener Zeit für Seeleute existierten. Die Überlebenden ließ der Kapitän antreten und allesamt auspeitschen.

In der Nacht auf den 22. September rächte sich die Crew. Befeuert vom Rum, den sie gestohlen hatten, bewaffneten sich die Meuterer. Sie schlugen die Wache nieder, drangen in Pigots Kammer ein und stachen immer wieder auf ihn ein. Acht weitere Offiziere wurden in dieser Nacht an Deck gezerrt und ermordet. Der Kapitän soll noch gelebt haben, als man ihn ins Meer warf. Die Rächer tanzten dabei zum Klang einer Flöte.

Anders aber verhielten sich die Dinge bei der berühmtesten Meuterei in der Geschichte der Seefahrt. Was auf der „Bounty" geschah, regt bis heute die Fantasie an – doch die realen Ereignisse an Bord hatten, wie Marinehistoriker herausfanden, mit der Hollywood-Darstellung der Dinge von Marlon Brando bis Russell Crowe wenig zu tun. Das fängt schon mit dem Schiff selbst an: Die legendäre „Bounty" war kein schnittiger Segler, der die Weltmeere durchpflügte, sondern ein ziemlich plumper, langsamer Kahn von kaum 25 Metern Länge. Das Schiff war so klein, dass es im Register der Marine als „Kutter" eingetragen war. Sein Kommandant William Bligh hatte deshalb nur den Rang eines Leutnants inne, der aus reiner Höflichkeit als „Kapitän" angesprochen wurde. Offiziere befanden sich nicht an Bord, was Bligh, dem dieser Teil der Befehlskette fehlte, noch Probleme bereiten sollte. Anders als im

Hollywood-Epos meisterhaft von Anthony Hopkins gemimt, soll Bligh zwar aufbrausend, rechthaberisch und pedantisch gewesen sein – aber kein blutrünstiger Bösewicht wie Pigot. Bligh hatte auf den Weltreisen seines Mentors James Cook gedient, der für eine insgesamt eher väterliche Führung mit gelegentlichen Wutanfällen bekannt war.

Zu jener Zeit, Ende des 18. Jahrhunderts, wurden Seeleute von „Pressgangs" auf Kriegs-, aber auch auf Handelsschiffe gezwungen. Historiker schätzen, dass bei der Schlacht von Trafalgar die Hälfte der 120.000 Seeleute gegen ihren Willen an Bord waren. An Bord der „Bounty", die im Oktober 1787 von Spithead an der Südküste Englands in See stach, segelten hingegen nur Freiwillige, was mit dem attraktiven Ziel der Reise zu tun hatte: die Südsee. Der Auftrag für den Kommandanten lautete, Brotfruchtbäume von Tahiti in die Karibik zu transportieren, als billiges Nahrungsmittel für Sklaven auf den Plantagen. Um Platz für die Pflanzen zu haben, baute ein Botaniker einen Teil der Kojen um. Die „Bounty" war auch so etwas wie ein schwimmendes Gewächshaus.

So lebte die Crew von 45 Männern beengt auf dem kleinen Schiff, das langsam Richtung Südsee schlich. Ein knappes Jahr dauerte es, bis die „Bounty" endlich die Küste von Tahiti erreichte. Die Reise verlief nicht ungewöhnlich. Nur einmal, nach etwa drei Monaten, griff Bligh zur brutalen, aber zu jener Zeit üblichen Bestrafung mit der „neunschwänzigen Katze". Die Strafe erhielt ein Crewmitglied, das er als unzufriedenen Unruhestifter ausgemacht hatte.

Während der Monate entwickelte sich allerdings ein Problem mit seinen engsten Mitarbeitern. Der häufig als „Erster Offizier" bezeichnete John Fryer war eigentlich Steuermann. Fletcher Christian – dessen Name in die Geschichte der Seefahrt eingehen sollte, arbeitete als dessen Gehilfe, also als einfacher Maat. Bligh und Christian kannten sich von früheren Reisen, und es hieß, dass der Kommandant den jungen Mann zunächst förderte. Immer wieder aber kam es zu Reibereien, weil der pedantische Bligh Schlendrian an Bord monierte und eine schlampige Ausführung der Befehle.

Auf der Südseeinsel Anamuka sollte Christian die Trinkwasservorräte an Bord auffüllen, die beinahe aufgebraucht waren. Weil sich aber einige Einheimische in der Nähe aufhielten, die der Maat als „bedrohlich“ einstufte, kam er ohne das dringend benötigte Wasser zurück. Der cholerische Bligh bekam einen Wutanfall und bezeichnete Christian vor versammelter Crew als „feigen Schuft“, der sich „vor einem Haufen halb nackter Wilder“ fürchte. Christian empfand die Zurechtweisung als Demütigung. Seine Gefühle steigerten sich zum Hass, und nicht besser machte, dass er infolge einer Syphilis-Erkrankung an geistiger Verwirrung litt.

In der Südsee angekommen, dauerte es monatelang, bis die Pflanzen in Töpfe umgepflanzt waren. Die Crew vergnügte sich derweil mit den Frauen der Insel. Drei Matrosen desertierten, die Disziplin litt, und dann lief das Schiff auch noch auf Grund, als es während eines Verholmanövers zu Nachlässigkeiten kam. Was für den pflichtbewussten Kommandanten unerträglich war. Am 5. April 1789 ging die „Bounty“ endlich wieder in See und segelte nach Westen. 23 Tage später dann der nächste Konflikt: Kokosnüsse waren aus der Ladung verschwunden. Bligh beschimpfte seine Offiziere als „Nichtsnutze“.

Nun eskalierte der Konflikt vollends. Nach einer durchzechten Nacht startete Christian seine Meuterei, an der sich sämtliche Unteroffiziere, aber zu seinem Erstaunen nur 18 Männer der Crew beteiligen. Sie zerrten den schlaftrunkenen Bligh gegen 5 Uhr in der Früh an Deck. Die Meuterer setzten Bligh, Fryer und 21 weitere Seeleute in einem winzigen Boot in der Nähe der Tonga-Inseln aus. Was als nichts anderes als versuchter Mord anzusehen ist, denn die Lage auf dem kleinen Boot war ziemlich verzweifelt. Von Bligh ist der Fluch überliefert: „Es ist unfassbar. Diese halben Kinder haben mir die ‚Bounty‘ genommen.“

Was Bligh dann schaffte, wurde zur Legende. Er segelte mit dem winzigen Boot 3600 Seemeilen (etwa 6000 Kilometer) weit bis zur Insel Timor. Eine nautische Meisterleistung mit einer halb verhungerten Crew – und dies alles ohne Seekarten. Aus heutiger Sicht erscheint es beinahe unglaublich, dass sich der Kommandant und die Ausgesetzten vor dem sicheren Tod durch Verhungern oder Verdursten retten konnten.

Nach seiner Rückkehr schickte die Royal Navy Suchexpeditionen los, um die Meuterer aufzustöbern und an ihnen ein Exempel zu statuieren. Christian war mit seinen Leuten nach Tahiti zurückgekehrt, um die Frauen an Bord zu nehmen und sich auf der abgelegenen Insel Pitcairn zu verstecken. Was nicht gelang: Etliche der Meuterer brachten sich im Laufe der Zeit gegenseitig um, auch Christian wurde ermordet. Andere wurden von der Royal Navy gefasst, vor ein Kriegsgericht gestellt und zum Tode verurteilt. Während die Verhandlung lief, war William Bligh – der Bösewicht, der keiner war – schon wieder auf See.

Im Range eines Kapitäns.

„HILF MIR. HILF MIR."

In manchen Situationen sind das „Dienstgesicht" und eine unerschütterliche Zuversicht lebenswichtig, um Schiff und Crew durch einen Orkan zu bringen. Vor allem in Lagen, die ansonsten ausweglos sind, mitten auf dem Ozean, wenn Hilfe weit entfernt ist oder eine späte Routenänderung nichts an der Gesamtlage verschiebt.

Mitten im heftigen Sturm, durch den man ohne jede Alternative muss, wenn es also um Leben oder Tod geht, machen Selbstzweifel wenig Sinn.

Anders aber ist es, wenn die Wahl bleibt, rechtzeitig abzudrehen und den Kurs zu wechseln. Wie mag es an Bord eines Schiffes sein, auf dem sich der Kapitän als stur erweist und unfähig, die Gefahren zu erkennen, in die er alle Beteiligten hineinmanövriert? Eine Crew machte diese Erfahrung. Was sie erlebte und fühlte, wurde dokumentiert.

Im Oktober 2015 sank der Frachter „El Faro" im Hurrikan Joaquín nahe der Bahamas. Das Unglück warf direkt nach der Meldung Fragen auf: Wieso war das große Schiff dem Wirbelsturm, der ein Thema in so ziemlich jeder Nachrichtensendung auf dem Planeten war und dessen Zugbahn präzise vorhergesagt worden war, nicht ausgewichen?

Hurrikan Joaquìn galt zu jener Zeit als viertstärkster Sturm, der vor den Bahamas gemessen wurde. Warum also war die „El Faro" auf ihrem Weg in den Zielhafen San Juan auf Puerto Rico geradewegs in das Auge dieses Monstrums hineingefahren? 33 Crewmitglieder und der Kapitän kamen ums Leben. Man unternahm große Anstrengungen, das Wrack in 4500 Metern Wassertiefe zu finden und anschließend zu untersuchen. Im Untersuchungsbericht der Behörden findet man auch ein 500 Seiten starkes Transkript, das die Gespräche der Seeleute in den letzten Stunden ihres Lebens wiedergibt. Sie wurden auf dem Datenrekorder entdeckt, der die Gespräche auf der Brücke mit mehreren Mikrofonen aufzeichnete.

„Niemand, der klar bei Verstand ist, würde da reinfahren", sagte ein Besatzungsmitglied am Nachmittag, wenige Stunden, bevor der Frachter sank.

„Wir schon. Juchhu", erwidert der Zweite Offizier, eine junge Frau namens Danielle Randolph.

Kapitän Michael Davidson hatte zuvor entschieden, nicht zurück in den Hafen von Jacksonville zu fahren, sondern den Orkan in der Nacht lediglich „genauer zu beobachten". Und dies, obwohl er in einer Mail an die Reederei gefragt hatte, ob man mit einer Änderung des Kurses einverstanden sei, schließlich koste das mehr Treibstoff. Das Unternehmen hatte dies bestätigt und hinterher bekannt gegeben, dass man in sich entwickelnden Wettersituationen keinen Einfluss auf die dafür trainierten Crews nehme.

Der Kapitän verabschiedete sich trotz des vorhergesagten schweren Wetters bereits um acht Uhr abends von der Brücke. Um zu schlafen. Mich überrascht dieses Verhalten. Kapitäne sind bei Sturm auf der Brücke, ganz egal, wie lange es dauert. Die Besatzung der „El Faro" jedenfalls sah Unheil auf sich zukommen. „Wahrscheinlich werde ich gerade ein feiges Hühnchen, doch ich habe das Gefühl, dass etwas Schlimmes passieren wird", sagte der dritte Maat laut des Transkripts gegen zehn Uhr abends. Zwei weitere Stunden später unterhielten sich Matrosen über den Zustand ihrer Rettungswesten und die Notfallleuchten. Über

Funk traf die Warnung ein, dass sich der Wirbelsturm zu einem Hurrikan der Kategorie drei auf der Saphir-Simpson-Skala verstärkt hatte.

Um genau 1:15 Uhr traf eine sehr große Welle den Frachter. Auch um 2:47 Uhr wurde Wellenschlag gemeldet, worauf man den Kapitän informierte, der jedoch erst um kurz nach vier auf der Brücke erschien. Mit den Worten: „Nun, so ist es jeden Tag in Alaska."

Auf der „El Faro" meldete sich wenig später der Maschinenraum mit dem Hinweis, dass der Ölstand problematisch sei. Auch krängte der Frachter wie noch nie zuvor, was den Kapitän aber nicht weiter zu beschäftigen schien. Das Schiff fuhr weiter. Um 5:43 Uhr wurde Wasser in den Frachträumen gemeldet. Davidson schickte seinen Ersten Offizier Steven Shultz nach unten, um das Problem mit Lenzpumpen zu lösen. Er kündigte an, den Frachter zu wenden.

Dann, keine halbe Stunde später, fiel die Maschine aus. Der Wassereinbruch konnte nicht mehr gestoppt werden. Kapitän Davidson informierte um 7:24 Uhr seine Reederei mit den Worten, man befinde sich „in keiner guten Verfassung". Minuten später schrillten Alarmsirenen durch die Gänge, die eine Evakuierung ankündigen sollten. Dann vermerkt das Skript eine Diskussion über Rettungswesten, bis Davidson sagte: „Der Bug ist unten."

Der Kapitän schrie nun, dass jeder das Schiff verlassen solle. Auf der schräg liegenden Brücke sagte ein völlig verängstigter Seemann zu ihm: „Hilf mir. Hilf mir."

„Keine Panik", antwortete Davidson, „komm hier hoch zu mir."

Darauf der Seemann: „Ich bin geliefert."

Um 7:39 Uhr sind auf dem Tonband nur noch Schreie zu hören. Dann stoppt die Aufnahme.

„Die See ordnet die Dinge ein, besonders, wenn die See wütend wird.“

DER ANTI-KAPITÄN

Ein Kapitän setzte in Sachen Verantwortungslosigkeit neue Maßstäbe. Einige alte Seeleute bekommen hektische Flecken bei der bloßen Erwähnung seines Namens, der es in Italien sogar zu einem eigenen Schimpfwort brachte. „Fare lo Schettino", den „Schettino machen", das bedeutet, feige zu sein. Was sich Francesco Schettino auch wirklich verdiente. Erst setzte er das große Kreuzfahrtschiff „Costa Concordia" auf einen Felsen viel zu nahe der Insel Giglio, vermutlich, weil er der Verwandtschaft eines Kellners an Land und einer jungen Frau auf der Brücke imponieren wollte. Als er auf den Felsen fuhr und ein 70 Meter langes Loch im Rumpf des Schiffes klaffte, was zu einer gefährlichen Schlagseite der „Costa Concordia" führte, saß Schettino als einer der Ersten im Rettungsboot. Zu diesem Zeitpunkt schwebten Tausende in Lebensgefahr. Spätere Begründung im Gerichtsverfahren: Er sei „in das Rettungsboot hineingefallen". Ebenfalls zum geflügelten Wort schaffte es ein Funkspruch des Einsatzleiters der Küstenwache, Gregorio de Falco. Er schnauzte Schettino an mit: „Vada a bordo, cazzo!", was so viel bedeutet wie „Gehen Sie an Bord", den Rest denken wir uns bitte.

Zweiunddreißig Menschen starben bei der Havarie der „Costa Concordia", darunter auch zwölf deutsche Urlauber. Es hätten viele Hundert mehr sein können, wäre das Wrack vom Felsen in tieferes Wasser abgerutscht. Schettino wurde zu sechzehn Jahren Haft verurteilt wegen fahrlässiger Tötung in zweiunddreißig Fällen, fahrlässigen Schiffbruchs, fahrlässiger Verletzung in vielen Fällen und falscher Aussagen. Schettino klagte gegen das Urteil, das manchem Beobachter noch zu milde erschien, vor dem Europäischen Gerichtshof für Menschenrechte. Natürlich ohne Erfolg. Allerdings wurde im Herbst 2022 bekannt, dass er das Gefängnis in Rom zeitweilig verlassen kann, um gemeinnützige Arbeit zu verrichten. Für die Angehörigen seiner Opfer wirkt diese Entscheidung wie ein Hohn – und für viele Seeleute ist der Name Schettino der Inbegriff seemännischer Schande. Solcher Leichtsinn?

Prahlerei? Und dann obendrein als Erster im Rettungsboot hocken? Das ist unvereinbar mit ihren Werten.

Schettino ist der Anti-Kapitän.

Für die meisten Kapitäne, die ich kennenlernen durfte, steht das Wohlergehen ihrer Crew im Mittelpunkt ihres Handelns. Der Gedanke, einen Mann unter ihrer Obhut an die See zu verlieren, belastet sie, vor allem in der Fischerei, in der es in jedem Moment zu einem Unfall kommen kann. Sturm, Wellen, bewegliche Teile an Deck – die Gefahren sind vielfältig. Wenn es passiert, verfolgt das Unglück einen Kapitän sein Leben lang. Ich bin Dietrich Heinz aus Bremen dankbar, dass er mit mir über diese Erfahrung sprach, denn es war ihm anzumerken, wie schwer ihm die Erinnerung fiel.

Heinz war Kapitän eines Frachters, der Tabakwaren von Virginia nach Antwerpen transportierte. Eine Art Pendeldienst über den Nordatlantik, immer wieder hin und her, durch eines der berüchtigtsten Seegebiete der Welt. Besonders in den stürmischen Monaten in Herbst und Winter kann sich ein furchtbarer Seegang aufbauen, denn der Wind schiebt die Wellen immer weiter auf. Wenn nun ein Sturmtief nach dem anderen über die See zieht, verstärkt sich dieser Effekt. Messbojen auf dem Nordatlantik haben Wellenhöhen von 20 Metern registriert – und das meint nur den Mittelwert. Einzelne Wellen können, das ist wissenschaftlich bewiesen und längst nicht mehr unter Seemannsgarn zu verbuchen, mehr als doppelt so hoch ausfallen. Sie bedeuten eine Gefahr für Schiffe jeder Größe und werden sogar Supertankern gefährlich.

Kapitäne versuchen, solche Stürme zu meiden und, falls möglich, zu umfahren. Ähnlich wie in der Luftfahrt werden Schiffe von Routenberatern der Wetterdienste über die Ozeane gelotst. Permanent sind aktuelle Wetterdaten verfügbar. Für schweres Wetter existiert bei den meisten Reedereien ein Sicherheitsprotokoll, das die Crew präzise einhalten muss. Auch auf dem Schiff von Kapitän Heinz war dies der Fall.

Unter Anleitung der Offiziere arbeitete die Crew eine Checkliste Punkt für Punkt ab. Alle Stahltüren wurden verriegelt, die Bulleyes

„Wir brauchen Mut statt Wut."

geschlossen. Man verstaute alle beweglichen Teile an Deck und sicherte lose Gegenstände auch in den Kabinen oder der Bordküche. Der Kapitän selbst passte die Route und die Geschwindigkeit seines Schiffes dem an, was als Warnung aus dem Fax lief. Natürlich durfte niemand an Deck.

Dennoch gab es auf dieser Reise einen toten Seemann. Wie konnte es nur dazu kommen?

Ermittlungen ergaben später folgendes Bild. Im Maschinenraum war ein Alarm angezeigt worden. Auf der Suche nach der Ursache hatten der Dritte Ingenieur und ein Öler auch einen Notgenerator untersucht, der nur über das Hauptdeck zu erreichen war. Bei diesem Wetter hätten sie laut Vorschrift die Brücke informieren müssen – unterließen es aber. Sie wollten dem Problem selbst schnell auf den Grund gehen. Sie reparierten den Generator und befanden sich gerade auf dem Rückweg zurück in den Maschinenraum, als eine große Welle das Schiff traf.

Der Dritte Ingenieur wurde mitgerissen. Der Brecher warf ihn hart gegen die Aufbauten. Weil der Öler dachte, er sei über Bord gegangen, löste man sofort Generalalarm aus: Mann über Bord! Eine Suchaktion startete. Als man ihn dann nicht in der See, sondern schwerstverletzt an Deck fand, konnte keine Hilfe das Schiff erreichen. Es war bei schlechtem Wetter zu weit von der Küste entfernt. Der Dritte Ingenieur, ein an Bord beliebter Seemann von den Philippinen, erlangte nicht mehr das Bewusstsein und starb an den Folgen des Wellenschlags. Kapitän Heinz erzählte mir, wie ihn dieses Unglück belastete und dass er sich noch Jahre später immer wieder Fragen stellte. Hatte er seine Männer ausreichend auf die Gefahren der See hingewiesen? Waren die Sicherheitsvorschriften ausreichend, und falls sie es nicht waren: Wo gab es Fehler im System?

„Ich habe nie Antworten darauf gefunden", sagte mir Kapitän Heinz.

TERMINAL BURCHARDKAI
HHLA
KOCKS
HHLA

ZWISCHEN LAGERFEUER UND SHITSTORM

Soziale Medien spielen eine immer wichtigere Rolle in unserem gesellschaftlichen Leben. Sie sind der Ort, an dem nicht unbedingt Wissen entsteht, aber Meinung gemacht wird. Soziale Medien können Menschen einen, sie spalten, aber auch zerstören. Sie sind für Diktatoren eine Gefahr, wenn mit ihnen Kritik am Regime verbreitet wird. Sie können aber auch eine Demokratie von innen aushöhlen, wenn Falschmeldungen, Lügen und Hass ungefiltert Verbreitung finden. Durch soziale Medien, insbesondere Facebook, war der „Arabische Frühling“ möglich. Ohne Twitter wiederum hätte es die Massenwirksamkeit eines Internet-Trolls namens Donald Trump, mit allen bekannten Folgen, vermutlich nicht gegeben. Soziale Medien bedeuten Katzenvideos, virtuelles Lagerfeuer, aber auch Pranger aus Hass und Häme. Soziale Medien sind ein Werkzeug der Liebe und ein Instrument des Hasses, je nachdem, wer sie bedient.

In den sozialen Medien kann der Schwippschwager eines Bekannten, der auf dem Parkplatz eines Forschungszentrums Nachtschicht schiebt, mehr Kompetenz in Wissenschaftsfragen zugesprochen bekommen als ein Nobelpreisträger. Soziale Medien sind ein Zirkus, ein Spielplatz der Ideen, aber auch eine Jauchegrube. Soziale Medien bilden das Beste und das Mieseste ab, was eine Mediengesellschaft zu bieten hat. Sie könnten den Gemeinsinn stärken, erzeugen aber längst verbale Gewalt, die sich in die reale Welt überträgt.

In den ersten Tagen der Corona-Pandemie waren in den sozialen Medien Angst und Sorgen spürbar. Was denn nun zu tun sei? Wie sie das denn schaffen sollten? Wir überlegten, wie wir helfen konnten. Also starteten wir die Live-Lesung, eine Art „virtuelles Lagerfeuer“, ein abendliches Ritual für alle, die im Lockdown daheim festsaßen. Ich erzählte etwas vom Tage, gab eine aktuelle Einschätzung der Dinge und las anschließend eine Geschichte vom Meer vor. Häufig handelten sie auch von den Abenteuern alter Kapitäne, von Stürmen und Dramen zwischen den Wellen. Ihre Beispiele sollten Mut machen, genau wie das Motto: „Dahinten wird es hell". Tausende schalteten ein, jeden Abend wurden es mehr. An jenem Abend, als „Querdenker" versuchten, den Berliner Reichstag zu stürmen, zählten wir mehr als 100.000 Aufrufe. Beliebt wurde auch eine Serie von Videos auf unserem YouTube-Kanal. Der Borkum-Wattführer und Musiker Albertus Akkermann ging täglich mit seinem Akkordeon in die Dünen oder an den Strand und spielte ein Lied. „Wenn die Leute nicht auf die Insel können, dann bringen wir sie ihnen nach Hause", sagte Bertus.

Bis heute erreichen uns tägliche Mails, Briefe und Geschenke, mit denen sich die Menschen für dieses Engagement bedanken. Wir bekamen gebastelte Rettungsringe, ein kunstvoll mit einem Ankerherzen gefaltetes Buch, selbst gekochte Marmelade, Ankerherzen in jeder Form und vor allem das Gefühl, dass es sinnvoll war. Auch von einem virtuellen Lagerfeuer kann Wärme ausgehen in einer kalten Zeit.

Doch es gibt auch eine dunkle Seite.

Wer sich in sozialen Medien exponiert, vor allem gegen Rechtsextreme, „Querdenker" oder andere radikale Gruppen, der muss damit rechnen, dass es Kacke regnet. „Shitstorm" nennt sich das Phänomen, und besonders, wer sich zu politischen Themen äußert, braucht besser einen Schirm. „Das muss das Boot abkönnen", ansonsten hält man sich lieber zurück. Was aber keine Option ist, wenn man weiß, wie besonders rechtsextreme Parteien die sozialen Medien für ihre Zwecke missbrauchen. Gegenrede ist beinahe Pflicht, wenn man dieses wichtige Feld der Meinungsbildung nicht kampflos überlassen will.

Untersuchungen in den USA, aber auch in Deutschland zeigen, wie die Diskussion von wenigen Accounts manipuliert wird. Beispiel Anti-Impfkampagne: Nach einer Studie des „Center for Countering Digital Hate" (CCDH) kamen 65 Prozent aller Desinformationen, die in den USA über Facebook verbreitet wurden, von nur zwölf Accounts. Dieses „Dirty Dozen", dreckige Dutzend, wie es in amerikanischen Medien genannt wird, beeinflusste also maßgeblich die öffentliche Debatte –

und hatte Auswirkungen auf die Gesundheit vieler Hunderttausend Menschen.

In Deutschland nutzt die AfD soziale Medien so intensiv wie keine andere politische Partei. Dies liegt zum einen daran, wie die Algorithmen funktionieren: Emotionen sind häufig wichtiger als Argumente. Empörung und Wut funktionieren besser als Besonnenheit und Mäßigung. Vor allem die Angst nutzt die AfD als Brandbeschleuniger: Angst vor Armut, Angst vor sozialem Abstieg, Angst vor Einwanderern. Und sie schürt den Hass: auf Regierende, auf Eliten, auf Wissenschaft. Besonders mit Facebook fand sie eine Plattform, auf der sie nationalistische und völkische, teils rechtsradikale Narrative ungefiltert verbreiten konnte. Parolen vom Stammtisch oder von der Tür einer Bahnhofstoilette ersetzen sachlichen Diskurs, um den es der AfD ohnehin kaum geht, weil sie die Bundesrepublik in der jetzigen Form ablehnt. Zynischerweise verwendet sie dafür noch den Slogan „Mut zur Wahrheit“, denn die Wahrheit ist, dass die meisten Thesen dieser Partei keiner einfachen Prüfung der Fakten standhielten. Doch darum geht es auch nicht, wenn bewusste Falschmeldungen zum Kalkül gehören oder auch verleumderische Zitate, teils frei erfunden, politischen Gegnern in den Mund montiert werden.

Dass ein Bündnis aus Gewerkschaften und Initiativen die Selbstverpflichtung der Parteien für fairen und transparenten Wahlkampf im Netz ablehnt – wen wundert das? Anders als andere Parteien gab die AfD sogar an, „selbstverständlich“ Social Bots einzusetzen, also künstlich generierte, gefälschte Accounts, deren einziger Sinn es ist, die Mechaniken des Algorithmus zu nutzen.

Kurz gesagt: Es gibt viele gute Gründe, sich in den sozialen Medien zu Wort zu melden und die Thesen der neuen Rechten nicht unwidersprochen stehen zu lassen. Auch wenn dies zur Folge hat, dass man selbst ins Visier gerät.

Die meisten alten Kapitäne können mit sozialen Medien nichts anfangen, im Gegenteil. Als wir Kapitän Jürgen Schwandt aber baten, sich das Phänomen doch anzusehen, stimmte er nach kurzer Prüfung

zu – und fragte schon wenige Stunden, wie er diese und jene Funktion im Facebook nutzen könne. Seine Lebensgeschichte ist geprägt von den Folgen des Nationalsozialismus. Schwandt wuchs in den Trümmern von Hamburg St. Georg auf, mit einem Vater, der als ranghoher Nationalsozialist für das Dritte Reich gekämpft hatte. Schwandt kommt damit bis ins hohe Alter nicht klar – und schwor, sich den neuen Rechten mit allem, was er hat, entgegenzutreten. Ungeachtet von Konsequenzen für ihn selbst. Wenn dafür ein Facebook-Account nötig und sinnvoll ist, dann her damit, „ming Jong". Und so starteten wir mit Gegenrede gegen AfD, Pegida und Co., begleitet von einer rasch wachsenden Schar aus Anhängern, die rasch die Marke von 100.000 Followern übersprang.

Wie viele „Shitstorms" wir in den Monaten erlebten, kann ich nicht sagen, denn ich habe sie nie gezählt. Es waren einige, und es waren heftige darunter, die auch in konkreten Drohungen mündeten. Bei einer Lesung in Rostock parkte ein Mannschaftswagen der Polizei vor der Tür. Bei einer anderen Veranstaltung in Ostfriesland hatte der Veranstalter einen Personenschützer engagiert, der selbst unter unserem Auto nachsah und uns unauffällig zur Toilette begleitete. Darauf angesprochen, ob es ihm vielleicht zu heikel werde, reagierte Schwandt empört: „Kommt gar nicht infrage!" Der Gegenseite die Genugtuung zu geben, ihn mundtot gemacht zu haben, kam für den alten Kapitän gar nicht infrage. Ihn erinnerte dies an die Methoden der SA in der Weimarer Republik.

Die Mechanik eines „Shitstorm" in den sozialen Medien ist dabei gut zu beobachten. Nach einem Posting gegen eine Entgleisung oder Provokation von Höcke, Gauland und Co. dauert es in der Regel nur wenige Stunden, bis eine Gegenreaktion erfolgt. Ziemlich gut organisiert schwemmen dann Hunderte, bisweilen Tausende Kommentatoren die Seiten von Kapitän Schwandt und Ankerherz. Um Austausch von Argumenten geht es dabei nie. Vielmehr um Beleidigungen, Beschimpfungen und Drohungen. Längst geschieht dies nicht mehr hinter dem Deckmantel der Anonymität. Es sind Männer und Frauen mit

Namen und Arbeitgeber in den Profilen, darunter auch Geschäftsführer von Immobilienunternehmen im Ruhrgebiet oder Inhaber von Autohäusern im Saarland.

Sie beleidigen und pöbeln in der Gewissheit, dass sie sich in einem weitgehend rechtsfreien Raum bewegen, denn leider tut sich trotz einiger Initiativen gegen Hassrede im Netz aus Sicht eines Betroffenen noch zu wenig. Aus eigener Erfahrung darf ich sagen, dass selbst die eindeutigsten, schlimmsten Beleidigungen zu oft ungeahndet bleiben. Als ein Rechtsextremer aus Berlin, den Behörden schon lange bekannt, sich in seinem YouTube-Kanal in der Uniform eines SS-Offiziers mit abgeklebten Logos und dem Hinweis „Satire" im oberen rechten Bildrand zu Wort meldete, um wenig subtil zu Gewalt gegen den Kapitän und Ankerherz aufzurufen und uns der „Pädophilie" zu bezichtigen, erstatteten wir selbstverständlich Anzeige. Die Polizei ermittelte, der Fall schien klar. Doch der zuständige Staatsanwalt stellte das Verfahren ein, mit der Begründung, dass gegen den Beschuldigten schon in einigen anderen Angelegenheiten ermittelt werde. Ich erinnere mich noch genau an das Gefühl, als ich das Schreiben las. Gibt es eine Art Abo-Karte für rechtsextreme Hetzer? An welcher Stelle im Strafgesetzbuch genau? Was bleibt, ist ein Mix aus Ungläubigkeit und dem Gefühl, allein gelassen zu werden. In einem anderen Fall ging es um einen Narkosearzt aus dem Westfälischen, der drohte, uns im Verlagshaus zu besuchen und „uns auf den Teppich zu scheißen". Auch kündigte er ein Prügelkommando an, das mich auf dem Parkplatz zusammenschlagen werde. Er sei übrigens groß und ein guter Boxer. Vorangegangen war ein Kommentar, in dem er, der Narkosearzt, nach Bekanntgabe der Erkrankung von Kapitän Schwandt schrieb, er sei als Mediziner manchmal auf der Seite der Krankheit. Eine bemerkenswerte verachtenswerte Aussage, die wir aus Gründen des Datenschutzes anonym und nicht mal mit Wohnort posteten. Telefonisch setzte der Narkosearzt mir dann ein Ultimatum, den Beitrag zu löschen, anderenfalls gäbe es ernste Konsequenzen von „Kommando Kümmerle".

Der Mitarbeiterin, die den Anruf entgegennehmen musste, ging es hinterher nicht besonders.

Nun hatte ich in meinem alten Leben als Reporter in Kriegs- und Krisengebieten mit Hooligans, schwer bewaffneten Kindersoldaten oder der Organ-Mafia zu tun. Die Aussicht auf einen bärtigen Aggro-Narkosearzt vor meinem Verlagsgebäude beeindruckt mich daher eher weniger. Sämtliche Versuche aber, die Beleidigungen, üble Nachrede und konkrete Drohungen mithilfe der Polizei zu stoppen, scheiterten. Es gab eine Gefährderansprache, aber mehr könne man nicht tun, sagte man mir, bei allem Verständnis sei die rechtliche Lage so. In der Zwischenzeit meldeten sich Arbeitskollegen des Anästhesisten, die von einem immer erratischeren Verhalten berichteten. Ständig seien Schwandt, Ankerherz und ich Thema und Ziel seiner Wut, woher wir uns denn kannten? Ich musste diese Frage verneinen, ich war noch nie in meinem Leben in der Stadt, in der er wohnte.

Ich schrieb dem Narkosearzt also einen offenen Brief, in dem ich fragte, ob seinen Kollegen in der Klinik klar sei, dass er uns auf den „Teppich kacken" und mir „Kommando Kümmerle" vorbeischicken wolle. Wenig später meldeten sich der WDR und diverse regionale Zeitungen und auch die Ärztekammer. Die Anzeige, die ich erstattete, unter anderem wegen Beleidigung, Bedrohung, übler Nachrede, umfasste mehr als 15 DIN-A4-Seiten.

Die zuständige Staatsanwaltschaft stellte das Verfahren ein. Begründung in der Kurzform: Mein offener Brief sei Strafe genug gewesen. Ich muss zugeben, dass es in dieser Phase durchaus Momente gab, in denen ich an der Rechtsstaatlichkeit in unserem Lande zweifelte.

Was die Qualität der Stürme aus Scheiße angeht, bleibt festzuhalten, dass die Winde, die von Linksaußen kommen, noch mehr stinken. Sie sind gemeiner, intelligenter, sie zielen darauf ab, unmittelbar zu schaden, häufig verbunden mit Boykott-Aufrufen gegen den Verlag. Auch hierbei haben wir leider inzwischen einige Erfahrungen. Einen solchen Shitstorm gab es nach meinem Kommentar zu den Vorgängen an der Hamburger Universität, als der AfD-Gründer Bernd Lucke bei einer Vorlesung als Wirtschaftsprofessor bedrängt, bedroht, niedergebrüllt und mit Papierkugeln beworfen wurde. Nun hege ich keinerlei Sympathien für Herrn Lucke, dessen politische Ideen ich strikt ablehne. Wohl aber finde ich, dass ein Professor eine Vorlesung über Makro-Ökonomie an einer Hochschule halten dürfen muss, auch wenn seine Ansichten hoch umstritten sein mögen. Es ging in der Vorlesung nicht um die AfD – von der sich Lucke im Übrigen eindeutig distanziert hat –, und ich erwarte von Studenten, dass sie erwachsen genug sind, mit Argumenten, nicht mit Papierkugeln zu antworten. Ein anderer Shitstorm ging los, als ich die Gewalt gegen Polizisten während des G20-Gipfels verurteilte und darauf hinwies, dass der Twingo der Kindergärtnerin zwar brenne, aber gesellschaftliche Probleme damit bestimmt nicht gelöst werden. Und dass in jeder Uniform eines Polizisten auch ein Sohn, eine Tochter, ein Partner und Mitmensch steckt. In beiden Fällen folgten tagelange Hass-Kampagnen, die eindeutig auch auf eine wirtschaftliche Schädigung des Verlages abzielten.

Wie ich damit umgehe? Das ist eine immer wieder gestellte Frage. „Muss das Boot abkönnen" als Antwort reicht nicht aus, denn doch: Natürlich macht es etwas mit einem, wenn man tagelang zu lesen bekommt, dass man ein verachtenswerter Idiot ist. Was dann hilft, ist die Gewissheit, dass auch dieser Sturm vorüberzieht. Was hilft, sind sehr viele Nachrichten und Kommentare, die unterstützen. Was dann hilft, ist die tiefe Überzeugung, dass es richtig ist, für Maß und Mitte zu streiten – was als Aussage schon ausreichte, um den nächsten Shitstorm zu provozieren. Die Bemerkung, dass sich die Methoden und auch die Wortwahl von Rechtsextremen und Linksextremen in diesen Fällen wenig unterscheiden, reicht schon aus, um manche erneut in Wallung zu bringen.

Wallung ist wichtig, Wellen der Empörung zu reiten scheinbar ein Lebenselixier für manchen. Auch hierfür gibt es diverse Beispiele von „Shitstürmen", die mich überraschen, weil ich nicht mal ahnte, dass es einen Grund für Aufregung gab. Das Foto zweier Fischer in der Beringsee, die einen Rotbarsch hochhalten, reichte aus, dass wütende Tierschützer meldeten, mir einen Angelhaken in die Wange rammen zu wollen. Das Gewinnerfoto eines Wettbewerbs der französischen Seenotretter – es zeigt eine Rettungsschwimmerin in Arbeitskleidung – eröffnete eine bizarre Diskussion über Sexismus. Widerlich wurde es, als ein Viehtransporter sank.

Vierzig Seeleute ertranken im Taifun „Maysak" vor Japan, weil der Viehtransporter „Gulf Livestock 1" nach Ausfall der Maschine im Wirbelsturm Maysak kenterte, mit knapp sechstausend Milchkühen an Bord. Eine furchtbare Tragödie für Menschen und Tiere. Der Kapitän des Schiffes hieß Dante Addug. Er wurde nur 34 Jahre alt. Kurz vor dem Untergang schrieb er seiner Frau und seinen vier Kindern:

„Der Taifun ist jetzt so stark. Ich bete, dass es aufhört."

Addug war seit vielen Monaten an Bord und sollte wenig später abgelöst werden. Dann hätte er zum ersten Mal seinen kleinen Sohn gesehen. Die letzte Nachricht, die Kapitän Addug von seiner Frau erhielt, blieb unbeantwortet: *„Hallo, meine Liebe, ich gehe nun schlafen. Ich hoffe und bete, dass du sicher bist"*, schrieb seine Frau. Seine älteste Tochter ist sechs Jahre alt. Sie fragt jede Nacht, wann ihr Papa nach Hause kommt.

Mich beschäftigte nicht nur das Unglück, sondern auch, was geschah, als wir die Nachricht vom Untergang mit seinen Hintergründen veröffentlichten.

Es dauerte wenige Minuten, bis sich der erste „Tierschützer" meldete. „Selbst schuld" seien die ertrunkenen Seeleute, denn „Tiermörder" hätten kein anderes Schicksal verdient. Es folgten schnell weitere Kommentare „null Mitleid", dafür aber mit „den ertrunkenen Tieren". Einer schrieb, dass jemand, der einen solchen Transporter fahre, auch fähig sei, Menschen in ein KZ zu führen. Es gibt gewisse Mechanismen, wie man sich selbst in den sozialen Medien schützt. Eine Methode ist, solche Kommentare nicht zu diskutieren. Wir löschen diese Beiträge und blockieren die Absender. Schon startete der nächste Angriff, wegen des Begriffs „Viehtransporter". Das Schiff fuhr offiziell als „Livestock Carrier", und es hieß „Gulf Livestock Carrier 1". Die bloße

„Ohne Grundsätze ist der Mensch wie ein Schiff ohne Steuer und Kompass."

SAMUEL SMILES

Erwähnung des Begriffes „Vieh“ führte zu wütenden Protesten und Analysen über mein Verhältnis zu Tieren.

Ich mag Tiere. Ich habe mir den Begriff „Viehtransporter“ nicht ausgedacht. Unter dem Foto eines ertrunkenen Seemanns empfand ich die „Diskussion“ pietätlos und unsinnig. Als ich dies schrieb, bezeichnete mich der Betreiber einer Hundeschule in den Elbrevieren von Hamburg als „Depp“, „unterbelichtet“ und „widerliche Type“. Ein Hochzeitsfotograf aus Süddeutschland wünschte meiner Frau, dass sie „dauerhaft missbraucht“ werde. Beide meinten hämisch, ich solle mir gar nicht die Mühe machen, sie anzuzeigen. In mehreren Fällen seien Verfahren gegen sie bereits eingestellt worden.

Manchmal genügt auch eine Pinkelpause, um im Kackeregen zu stehen. Auf dem Weg zum Schiff im Norden Dänemarks waren wir früh losgefahren. Hinter der Grenze fanden wir keine Raststätte, in der wir einen Kaffee trinken und anderen Kaffee wegbringen konnten. Aus reiner Notwehr kehrten wir in der Filiale einer amerikanischen Burgerkette ein, unter einem gelben „M“. Der Kapitän, etwas verknittert, schickte per Video einen Morgengruß an seine Followerschaft mit Hinweis auf die anstehende Seereise. Was wir nicht bedachten: Auf seinem Becher war eindeutig das gelbe „M“ zu sehen. Als wir im Hafen ankamen und an Bord gingen, war die Aufregung bereits groß. Also wirklich, Sauerei! Skandal! Wie kann man nur! Einige stellten sogleich die Theorie auf, Kapitän Schwandt – der in mehr als 80 Jahren nach seiner Erinnerung noch nie ein Fast-Food-Restaurant dieser Kette von innen gesehen hatte – sei schleichwerbend für die Bulettenbrater tätig.

Das war noch beinahe lustig, doch es wurde schlimmer, als wir auf den Färöerinseln ausstiegen. Wir nutzten den stürmischen, aber friedlichen Wintermorgen zu einem Spaziergang, doch für diverse Walaktivisten „wateten wir Schweine durch das Blut unschuldig ermordeter Wale“. Nun muss man dazu sagen, dass Kapitän Schwandt und auch wir den Walfang kritisch sehen. An Bord der Fähre berichtete uns eine junge Frau von den Inseln weit draußen im Nordatlantik, dass auch auf den Inseln immer mehr Menschen dagegen seien – doch es auch einen gewissen Trotz gäbe, die Tradition zu erhalten. Außerdem sei sie so etwas wie eine Lebensversicherung. Wovon sollte man sich so weit draußen denn ernähren, im Falle einer großen internationalen Krise? Seit immer lebten die Insulaner im Einklang mit der Natur, die sie achteten und respektierten. Das Fleisch der getöteten Wale werde nicht verkauft, sondern in den Dörfern verteilt. Besonders für alte und arme Menschen ist es – trotz nachgewiesener Belastung durch Schwermetalle – ein wichtiger Bestandteil ihrer Grundversorgung.

Ich erinnere mich noch gut daran, wie wütend Kapitän Schwandt war, als er die teils derben Beleidigungen der Walschützer las. Woher irgendjemand das Recht nähme, einem Inselvölkchen zu verweigern, einige Hundert Grindwale zu fangen (von denen es im Nordatlantik Hunderttausende gibt), während unser Industrieland täglich Millionen Rinder, Schweine und Hühner industriell töte und Küken schreddere? Abgesehen von der Respektlosigkeit der Ansprache. „Ich mag das Anliegen von Walschützern. Wenn aber eine Sache in blindwütigen, irrationalen und plakativen Hass umschlägt, wird sie mir unsympathisch", sagte er.

Auf der Rückfahrt vom Hafen musste ich Kapitän Schwandt davon abhalten, eine Idee umzusetzen. Er schlug vor, die Abfahrt zum gelben „M" zu nehmen und einen Video-Gruß zum Thema Walfang und Heuchelei aufzunehmen. Mit diesem Trotz begegnete er auch in den Monaten danach sämtlichen Drohungen und Anfeindungen und E-Mails, in denen stand, dass man ihn, den alten Mann, zusammenschlagen werde.

Warum? Weil es für ihn und für uns wichtig ist, den Mund aufzumachen.

Nun ist die Zeit, für Dinge einzutreten, die so lange selbstverständlich waren, und es nun nicht mehr sind. Es ist die Zeit der Widerrede gegen Populisten und gegen jene, die Andersdenkende mundtot machen wollen. Kapitän Schwandt sagte immer wieder, dass es für einen

Menschen seiner Generation furchtbar sei, zu spüren, dass sich Geschichte womöglich wiederholt.

Lassen wir es nicht so weit kommen. Es liegt an uns.

PEDANTEN UND STOIKER

Wer mit alten Kapitänen auf See geht, muss sich darauf einstellen, mit Pedanten zu reisen. Sei es auf einem Kreuzfahrtschiff oder auf der Islandfähre oder auf einem Frachter, und selbst vor einem Ausflug mit einem historischen Stückgutfrachter auf der Elbe bei Hamburg sah es nicht anders aus. Als Erstes inspizierten die Kapitäne den Zustand der Rettungsboote. Sie sahen nach, ob die Davits geschmiert waren. Sie prüften, ob die Rettungswege frei waren. Sie maulten, wenn die Gäste die Sicherheitshinweise ignorierten.

Sie wussten ja, warum.

Ich musste die alten Kapitäne überreden, mit uns an Bord eines Kreuzfahrtschiffs zu gehen. Sie stimmten erst zu, als sie hörten, dass es sich um vergleichsweise kleine Schiffe handelte. Auf eine „schwimmende Plattenbausiedlung", wie einer der Kapitäne die Kreuzfahrtriesen unserer Zeit nannte, würde man sie nicht bekommen. „Wie wollen sie denn 4000, 5000, 7000 Menschen evakuieren", fragte Manfred Schleiff, Kapitän aus Buxtehude bei Hamburg. Modellberechnungen, wie eine geordnete Evakuierung ablaufe, funktionierten eben: nur im Modell, nicht aber in der Realität einer Notlage, wenn das Schiff beispielsweise auf der Seite läge. Davon ist Schleiff überzeugt. Eine Kreuzfahrt mit einem großen Schiff komme daher für ihn nicht infrage.

Kapitän Jürgen Schwandt, mit dem wir auf einem Kreuzfahrtschiff rund um Großbritannien fuhren, sprach mich auf die Frisur des Sicherheitsoffiziers an. Der Mann trug die Haare lang und mit Unmengen Gel nach hinten gelegt, und obendrein das Hemd aus der Hose. Er erinnerte mehr an einen legeren Alleinunterhalter, und dies missfiel Schwandt. „Kann doch nicht angehen", raunte er mir zu und nahm beim Besuch auf der Brücke seinen Kollegen zur Seite. Ob er nicht mal ein Auge haben könne? Also wirklich.

Ein anderer Kapitän, mit dem wir Richtung Helgoland unterwegs waren, beschwerte sich an der Rezeption über eine Zimmerpalme, die den Zugang zu einem Fluchtweg versperrte. Den Hinweis, dass der Topf im Falle eines Notfalles doch schnell verrückt werden könne, ließ er nicht gelten. Der Hinweis, im Notfall Topfpflanzen verrücken zu müssen, regte ihn sogar auf. Er ließ den Sicherheitsoffizier antreten und fragte, wie viel Zeit wohl im Falle einer Havarie bliebe und wie viele Menschen an dieser Tür vorbeiliefen. „Meinen Sie wirklich, dass Sie das dann im Griff haben? Im Fall einer möglichen Panik?"

Die Zimmerpalme war kurz darauf verschwunden.

Hinter der Pedanterie steckt ein einfacher Gedanke. Viele Katastrophen haben nicht den einen Grund, sondern sind die Summe vieler kleiner Fehler. Stellt man also kleine Fehler ab, ist es weniger wahrscheinlich, dass es zu großen Versäumnissen kommt. Und in dieser Sicht auf die Dinge fängt ein kleines Problem schon damit an, wenn ein Sicherheitsoffizier nicht darauf achtet, ob sein Hemd in der Hose steckt.

Den Beleg für die Theorie, dass eine Verkettung von kleinen Fehlern zu einer großen Katastrophe führen kann, bietet der berühmteste Untergang in der Geschichte der Seefahrt. Dass die „Titanic" auf ihrer Jungfernfahrt am 15. April 1912 im Nordatlantik nach einer Kollision mit einem Eisberg sank. Klar, das gehört zur Allgemeinbildung. 1514 der mehr als 2200 Passagiere an Bord verloren in dieser Nacht das Leben. Die Ursache aber nur im Zusammenprall zu sehen, bedeutet, nur die buchstäbliche Spitze des Eisbergs zu betrachten.

Kein anderes Ereignis in der Geschichte der Seefahrt ist so intensiv erforscht, diskutiert und verfilmt worden. Kein anderes fasziniert bis heute die Öffentlichkeit und sorgt für Einschaltquoten und Aufmerksamkeit. Der Untergang der „Titanic" ist ein Mythos, der auf so vielen

Ebenen funktioniert. Es ist ein Drama, in dem es um menschliche Hybris geht, um ein angeblich unsinkbares Schiff. Um den Unterschied gesellschaftlicher Klassen. Um die Frage, wie man sich selbst in seiner letzten Stunde verhalten würde. Ginge man unter wie ein Gentleman? Hätte man das Zeug, wie Benjamin Guggenheim zu handeln? Von dem Unternehmer ist bekannt, dass er – Passagier der ersten Klasse, mit guten Aussichten auf Rettung – seine Geliebte in eines der Boote setzte, anderen Passagierinnen half und dann in der Kabine verschwand, um mit seinem Butler die feinste Abendkleidung anzulegen. Zu einem Crewmitglied sagte er: „Nun sind wir angemessen gekleidet und bereit, wie Gentlemen unterzugehen."

Im Titanic-Museum von Belfast – errichtet auf dem Gelände der seinerzeit weltgrößten Werft Harland & Wolff, die das Schiff baute – fand ich unter vielen Tausend Exponaten eines besonders beeindruckend. Dabei ist es schlicht im Vergleich zu vielem, was in diesem großartigen Museum schillert und erklärt wird – mit dem Höhepunkt einer Gondelfahrt durch ein nachgebautes Werftgelände. Dieses Exponat zeigt einen Funkspruch, den der Funker der „Titanic" an den Kollegen an Bord der „SS Californian" schickte, der vor Eisbergen im Seegebiet warnen wollte.

Er schnauzte ihn wenig freundlich an:

„Shut up! You are jamming my signal. I'm working Cape Race." (Übersetzt: „Halt die Schnauze. Du störst mein Signal. Ich bin in Kontakt mit der (Funkstation) Cape Race".)

Die Warnung wurde also nicht weitergeleitet, und die „Titanic" lief weiter mit voller Fahrt durch die Nacht – weil die Reederei das Blaue Band für die schnellste Transatlantiküberquerung erobern wollte? Vielleicht wäre die Katastrophe aber auch verhindert worden, wenn ein unscheinbarer Schlüssel an seinem Platz gewesen wäre. Der Seemann David Blair, eigentlich Zweiter Offizier an Bord der „Titanic", hatte ihn in seiner Jackentasche. Problem: Er war von der Reederei White Star Line kurzfristig auf ein anderes Schiff versetzt worden. So fehlte auf der „Titanic" der Schlüssel für den Schrank mit den Ferngläsern, den niemand aufbrechen mochte. Die Männer im Ausguck und im sogenannten „Krähennest" schauten also ohne Hilfsmittel in die Nacht. Einer der Männer auf Wache, Fred Fleet, der um exakt 23:40 Uhr Ortszeit als Erster den Eisberg ausgerufen hatte, wurde bei der Untersuchung der Katastrophe gefragt: Wie groß wäre der Unterschied zwischen der Ausschau nach einem Eisberg mithilfe eines Fernglases im Vergleich zum „bloßen Auge" gewesen?

„Groß genug, um ihm aus dem Weg zu gehen", lautete seine knappe Antwort. Der Schlüssel wurde Anfang der 2000er-Jahre für 130.000 Euro an ein Diamanthandelshaus in Antwerpen versteigert, das damit eine Werbekampagne drehen wollte. Wie wichtig die fehlenden Okulare tatsächlich waren? Darüber streiten die Historiker bis heute, wenngleich die Aussage des Seemanns Fleet natürlich ins Gewicht fällt.

Für Aufsehen sorgten die Recherchen des irischen Journalisten Sean Molony. Seine jahrelangen, penibel genauen Recherchen brachten ans Licht, dass an Bord der „Titanic" ein Feuer tagelang unkontrolliert in einem der Kohlebunker tief im Bauch des Schiffes loderte. Die Hitze des Brandes schwächte die Stahlhülle des Schiffes ausgerechnet in jenem Bereich, mit dem das Schiff gegen den Eisberg knallte. Molony ist überzeugt, dass die „Titanic" den Aufprall ansonsten überstanden hätte. Er stützt seine Theorie auf Fotos, die während der Überführungsfahrt des Oceanliners von Belfast nach Southampton entstanden und die einen langen schwarzen Streifen im vorderen Bereich auf Steuerbordseite zeigen sollen. An Bord aber habe es seitens der Reederei Anweisungen gegeben, das Feuer zu verheimlichen und auch mit der Backbordseite an der Kaimauer anzulegen.

Wie viele Theorien ist auch diese nicht unumstritten, sicher aber ist, dass es während der Evakuierung Probleme mit den Schotten der „Titanic" gab. Und dass Rettungsboote für alle Passagiere und Crewmitglieder fehlten. Wer in der ersten Klasse reiste, hatte eine deutlich größere Chance, die Katastrophe zu überleben. Es war, egal welcher Theorie man auch Glauben schenken mag, eine Kette von Fehlern und Nachlässigkeiten, die den Untergang der „Titanic" verursachte.

Edward John Smith, der Kapitän der „Titanic", war zum Zeitpunkt der Havarie mit dem Eisberg nicht auf der Brücke. Smith, ein Seemann mit weißem Bart, der sich vom Industriearbeiter zum Kapitän mehrerer Schiffe der White Star Line hochgearbeitet hatte, galt als einer der bekanntesten und bestbezahlten Kapitäne seiner Zeit. Eine bemerkenswerte Karriere in der britischen Klassengesellschaft. Man hatte ihm das Kommando der „Titanic" übertragen, weil er unter Passagieren als äußerst beliebt galt. Ein Kapitän wie aus dem Bilderbuch.

Kurz nach der Kollision mit dem Eisberg ließ er sich von einem Ersten Offizier über die Lage unterrichten und ging dann mit Schiffskonstrukteur Thomas Andrews auf einen Kontrollgang. Andrews zeigte sich dabei geschockt und prophezeite den Untergang der „Titanic". Wenig später erteilt Smith Befehl, die Rettungsboote klarzumachen. Es heißt, dass er die Evakuierungsarbeiten von der Brücke aus beobachtete und kontrollierte. Kurz vor dem Sinken erschien er persönlich im Funkraum, um beide Funker, die pausenlos Notrufe aussandten, von ihren Aufgaben zu entbinden.

Wo sich Smith befand, als sein Schiff in der Tiefe des Nordatlantiks versank, ist nicht bekannt. Einige Überlebende gaben an, ihn bis zuletzt auf der Brücke gesehen zu haben. Ein anderer sagte, dass er Smith im kalten Wasser schwimmen sah, dieser aber bereits zu entkräftet und unterkühlt war, ein hingehaltenes Ruder zu halten und sich auf ein Rettungsboot zu ziehen. Eine New Yorker Zeitung verbreitete kurz nach der Tragödie, Smith habe sich mit einer Pistole selbst das Leben genommen. Eine Falschmeldung. Wahrscheinlich ist, dass Kapitän Smith mit der „Titanic" unterging. Sein Leichnam wurde nie gefunden.

RÜM HART – KLAAR KIMING

„Im Leben jedes Kapitäns gibt es Momente,
in denen er so alleine ist,
wie ein Mensch nur alleine sein kann."

Der Satz stammt von Peter Lunau, einem schrankartig gebauten Seemann aus Schleswig. Er stand vor einer Entscheidung, vor der sich jeder Kapitän fürchtet. Ist der Moment gekommen, das Schiff aufzugeben und der Crew Befehl zu geben, in die Rettungsboote zu steigen? Mit welcher Entscheidung setzt er sich und seine Männer einer größeren Gefahr aus? Und wie kann er wissen, welche die richtige ist?

25. Januar 1978, gegen 23:30 Uhr, auf dem Golf von Mexiko. Kapitän Lunau kam gerade aus der Dusche, als eine schwere Explosion sein Schiff erschütterte. Die Tür des Badezimmers flog aus den Angeln, und als der Kapitän auf die Brücke rannte, sah er in eine Wand aus Flammen auf dem Vorschiff. Ein Inferno.

Sein 150 Meter langes Schiff namens „Eva Maria" war unterwegs von der Karibikinsel Puerto Rico in einen Hafen von Mexiko, beladen mit Baumaschinen, Fernsehgeräten, Parkettholz – und einer Kiste, in der drei Tonnen Sprengkapseln lagerten, bestimmt für ein Bergwerk in Mexiko.

Diese Sprengkapseln flogen in die Luft. Ein Feuerball! Nun brannte das gesamte vordere Schiff, es sackte einfach weg, und wenige Minuten später traf Kapitän Lunau eine Entscheidung. Er gab Befehl, Mayday zu senden, die Rettungsboote klarzumachen und das Schiff zu verlassen.

Es war eine Entscheidung, die 26 Männern das Leben rettete.

Denn nur wenige Minuten später sank die „Eva Maria" in einem brennenden Meer. Kapitän Lunau und seine Crew hielten mit ihren Rettungsbooten nach Südosten, Richtung der nächstgelegenen Küste, gen Mexiko. Irgendwann werde er auf Land stoßen, überlegte Lunau, das war nur eine Frage der Zeit. Er habe sich zu diesem Zeitpunkt keine Sorgen mehr gemacht, erzählte mir der Seemann. Schließlich habe man Proviant und Wasser für zehn Tage an Bord gehabt und die Gewissheit, dass man in dieser Zeit die Küste erreichen werde. Die Frage lautete nicht, ob, sondern wo und wann.

Als der neue Tag dämmerte, sah einer der Matrosen Lichter über dem Meer. Zu früh, als dass es schon Land sein konnte. War das ein Schiff? Es war eine Bohrinsel! Die Crew war gerettet. Das schnelle und entschlossene Handeln des Kapitäns war richtig gewesen. Hätte er nur wenige Minuten gezögert, wäre die Rettung unmöglich gewesen. In der Seeamtsverhandlung, die es nach jeder Havarie gibt, bescheinigte das Gericht Lunau vorbildliche Seemannschaft.

Die Lehre daraus: Manchmal ist es wichtig, im Angesicht einer drohenden Gefahr auf das Gefühl im Bauch zu hören. Auf einen Instinkt, der sich im Laufe der Zeit herausgebildet hat, durch die Erfahrung auf See. Mehrere Kapitäne berichteten mir, dass es in manchen Situationen auf dieses Gespür ankam, das sich nicht erklären lässt. Und das nicht in Lehrbüchern steht oder in Seminaren unterrichtet wird.

Dazu gehört manchmal auch ein störender Strich. Kapitän Klaus D. Weinack hatte nicht schlafen können und war noch mal auf die Brücke gekommen, um draußen auf der Nock die warme Luft der Tropen im Gesicht zu spüren und in den Sternenhimmel zu schauen. Sein Schiff, ein Schwergutfrachter, beladen mit gewaltigen Bulldozern für eine Goldmine in Papua-Neuguinea, pflügte mit 14 Knoten durch die Java-See zwischen den Inseln Wetar und Timor.

Er verabschiedete sich vom wachhabenden Offizier und machte sich auf den Weg in die Koje, als er am Radargerät vorbeikam. Im Augenwinkel entdeckte er etwas Merkwürdiges, etwas, das da nicht hingehörte. Ein Strich auf der Anzeige. Irgendetwas war da draußen, knapp zwanzig Seemeilen vor ihnen. Der Zweite Offizier döste in seinem Stuhl. Weinack griff nach einem Fernglas, trat hinauf auf die Nock und suchte den Horizont in der mondhellen Nacht ab.

Da war eine lang gezogene, weiße Wolke. Was aber sollte das sein? Eine Gewitterfront? Nicht bei dieser Wetterlage. Land war ebenfalls weit entfernt. Der erfahrene Seemann fand keine Erklärung. Er beobachtete weiter das Gebilde.

Dann erschrak er.

Es war die Krone einer gewaltigen Welle, die auf das Schiff zuraste! Weinack stürzte auf die Brücke und löste General-Alarm aus. Schrilles Klingeln riss nun jeden Offizier und jedes Crewmitglied aus dem Schlaf. Schlaftrunkene eilten teilweise in Unterwäsche herbei, und der Kapitän erteilte Befehle. Es kam nun auf jede Minute an. Alle Türen und Bulleyes mussten geschlossen werden, so viele, wie es die Zeit noch erlaubte. Der Kapitän gab Order, den Kurs zu ändern, um die Welle etwas seitlicher und nicht frontal anzulaufen.

Weinack schätzt, dass die Welle mindestens 25 Meter hoch war. Auf der Brücke sprach niemand ein Wort. Die Filipinos, besonders gläubige Seeleute, bekreuzigten sich. Als der Steven begann, sich zu heben, schob der Kapitän den Hebel auf „Volle Fahrt". Das Schiff hob sich um 45 Grad, überall Wasser, viel Wasser, bis hoch zu den Fenstern der Nock, dann war die Spitze der Welle erreicht, und das Schiff glitt wieder hinunter ins Tal. Das Seewasser lief ab. Weinack ließ nachsehen, ob der Tsunami Schäden verursacht hatte. Die Bulldozer an Deck, beide 150 Tonnen schwer, waren von der Wucht des Wassers verschoben worden wie Spielzeugbagger aus einer Sandkiste. Eine Positionslampe an Steuerbordseite hatte die Welle zerschlagen, Stauhölzer und Bohlen fehlten.

„Ich dachte noch lange über diese Nacht und den Moment nach, als ich am Radargerät vorbeischlenderte", sagte mir Kapitän Weinack. Hätte er den Strich nicht bemerkt, wäre das Schiff mit 14 Knoten Fahrt frontal gegen diese Wand aus Wasser gefahren.

Und dann? Vermutlich hätte man nicht mal einen Notruf des Schwergutfrachters empfangen.

Welche Lehre für den eigenen Alltag kann man daraus ziehen?

Wenn du etwas auf dem Radar hast, was da nicht hingehört, schau noch mal genauer nach. Bleib einfach aufmerksam, wenn du auf der Brücke stehst. Wie gelingt einem das in einer Zeit, die einen gefühlt

ständig überfordert? Indem man sich gut organisiert. Klare Strukturen im Ablauf, die einem auch kleine Auszeiten ermöglichen. Inseln im Meer der Zumutungen. Stress und ein Gefühl der Überforderung beschäftigten viele Menschen schon vor der Pandemie. Die Monate im Lockdown, der Zustand von Einsamkeit, von existenziellen Sorgen und einer gefühlten Hilflosigkeit, die Dinge selbst überhaupt nicht in der eigenen Hand zu haben, haben diesen Zustand noch verschärft. Wer zu diesen Themen Google befragt, stößt auf Hunderttausende Treffer, Hinweise auf Psychologen, die auf Monate hinweg ausgebucht sind, und Statistiken der Weltgesundheitsorganisation, die eine starke Zunahme psychischer Erkrankungen verzeichnet.

Was würde ein erfahrener Kapitän unternehmen?

Er würde auf sein Gefühl vertrauen und sein Schiff rechtzeitig vorbereiten. Was bedeutet, sich selbst auch mal herauszunehmen aus dem Alltag, für eine kurze Auszeit. Die Fülle schlechter Nachrichten, die mit dem ersten Checken der Nachrichten nach dem Frühstück beginnt und spätabends endet – kann man das auf Dauer aushalten? Zumal es viele Neuigkeiten sind, die man persönlich wenig bis gar nicht beeinflussen kann. Es braucht daher kleine Notausgänge. Jeder sucht seinen eignen: Die einen gehen spazieren, andere lesen viel, andere fahren, sofern es möglich ist, ans Meer. Als nach den Lockdowns in der Corona-Zeit Reisen wieder in begrenztem Rahmen und innerhalb Deutschlands möglich waren, gab es Meldungen von komplett überfüllten Fähren auf die deutschen Inseln oder den ausgebuchten Autoreisezug nach Sylt. Manch einen regte das auf – aus Sicht des Infektionsschutzes garantiert berechtigt –, ich konnte es verstehen.

Mitten in der Pandemie und nicht lange vor Erscheinen dieses Buches veröffentlichte die Kölner Pop-Band AnnenMayKantereit einen Song über genau dieses Gefühl, kurz am Strand Kraft zu sammeln und den Fokus auf sich selbst zu legen.

Der Liedtext geht so.

Ich weiß, was ich kann
Trotzdem ab und an kommen Zweifel daran
Ich frage mich dann
Wofür ich das alles mache
Und mir ist mittlerweile klar, das waren Jahre ohne Pause
Und eigentlich weiß ich genau, was ich brauche
Eigentlich weiß ich genau, was ich brauche
'ne Pause
Drei Tage am Meer
Und ich weiß wieder, wer ich bin
Drei Tage am Meer
Und ich weiß wieder, wer ich bin
Ohne alle anderen
Es fällt mir nicht leicht, ruhiger zu werden
Mir geht so viel auf die Nerven
Ich sitze zu viel, und ich atme nur Luft, die nach Straße schmeckt
Und ich liebe die Stadt und trotzdem muss dringend mal wieder weit weg
Und eigentlich weiß ich genau, was ich brauche
Zum Untertauchen
Drei Tage am Meer
Und ich weiß wieder, wer ich bin
Drei Tage am Meer
Und ich weiß wieder, wer ich bin
Ohne alle anderen
Ohne alle anderen
Ohne alle anderen
Drei Tage am Meer

Nun muss ich zugeben, dass ich wirklich nicht der beste Ratgeber bin, was diese Themen angeht. Zu häufig verzettele ich mich selbst, und besonders in Phasen, in denen die Arbeit intensiv ist, vermischen sich die Bereiche Privates und Berufliches. Was das ungute Gefühl hinterlässt, weder der Firma noch der Familie gerecht zu werden. Fachleute raten zu einfachen Gegenmitteln. Dazu gehört, eine verlässliche, beinahe spießige Tagesstruktur einzuhalten, mit festen Arbeits-, Essens- und Freizeiten. Wer sich überfordert fühlt, sollte Tages- und Wochenpläne anlegen – und auch Belohnungen einbauen. Man könnte dieses Ritualhafte durchaus mit dem System der Wachen auf einem Schiff vergleichen. Die meisten Schiffe fahren mit einem Dreiwachsystem, was bedeutet, dass vier Stunden Wache acht Stunden Freiwache folgen. Am unbeliebtesten ist dabei die 0–4-Wache von Mitternacht bis vier Uhr früh, in der Sprache der Seeleute auch „Hundewache" genannt. Meist muss sie der Zweite Offizier übernehmen. Auf großen Schiffen ist der Kapitän keiner festen Wache zugeteilt. Er kommt auf die Brücke, wann er es für erforderlich hält, immer aber bei schlechtem Wetter oder im Falle einer Krise.

Wichtig sind in jedem Krisenfall persönliche Kontakte, die gepflegt werden sollten: Familie, Freunde, Bekannte. Falls es persönlich nicht möglich ist, dann eben durch einen Anruf, ein WhatsApp-Video oder ganz altmodisch per Postkarte. Was man auch auf Menschen übertragen kann, von denen man weiß, dass sie einsam sind. Einfach im Alltag ein bisschen Empathie zeigen.

Und dann gibt es noch einen Rat. Sich einfach mal dem medialen Dauersturm entziehen. Auch hierfür, muss ich zugeben, bin ich ein schlechter Ratgeber. Gleich nach dem Aufstehen prüfe ich die Schlagzeilen – und so geht das meist während des gesamten Tages bis spät in die Nacht weiter. Eigentlich ist das Handy immerzu in Griffweite. Kommt eine „Push-Nachricht", klingt und blinkt es. Die Lösung dafür ist einfach. Konzentriert zweimal täglich kurz, aber konzentriert nachschauen, was los ist – und den Rest des Tages darauf verzichten, als wandelnder Live-Ticker unterwegs zu sein.

Manchmal ist es auch so nützlich, sich komplett offline zu nehmen. Dazu fällt mir eine kleine Episode von See ein. Auf einer unserer Skua-Touren nach Island reiste ein junger Manager aus der Schweiz mit. Er fiel mir auf in der Gruppe, er wirkte sehr gestresst und ernst. Wir unterhielten uns während eines Spaziergangs im Hafen von Tórshavn auf den Färöer. Er erzählte mir, dass er eine extrem arbeitsreiche und anstrengende Phase mitmache und sich alles drehe. Ich schlug ihm vor, doch auf das Bordinternet zu verzichten und eine automatische Antwort einzuschalten. Auf dem Nordatlantik nicht erreichbar zu sein, sollte doch als Entschuldigung reichen, sofern man denn eine braucht, um kurz den Stecker zu ziehen.

Auf der Rückreise zurück nach Dänemark ging er wieder neben mir in Richtung der Docks, wo die Trawler liegen. Er wirkte deutlich entspannter, richtig fröhlich. Er hatte den kleinen Rat beherzigt. Und sagte, dass ihm das Meer half. „Das war die beste Reise, um den Kopf freizubekommen", meinte er. Ich sah ihn auch in den nächsten Tagen immer wieder, wie er über das Oberdeck der „Norröna" spazierte. Wie er einfach auf einer Bank saß und die Wellen beobachtete, und es schien beinahe egal zu sein, wie kalt und wie windig es gerade war. Die Zeit auf dem wilden Ozean half ihm, Abstand zu finden, nachzudenken und die Dinge für sich zu sortieren. Das Meer, der große Sortierer.

Seefahrer aus Friesland prägten ein Lebensmotto, das ich so wunderbar finde. „Rüm hart – klaar Kiming" lautet es, was sich übersetzen lässt mit „Großes Herz – klarer Horizont". „Kimme" stand dabei für die Linie zwischen Meer und Himmel, wo sich die See und der Himmel begegnen. Jahrhundertelang fuhren die Männer Frieslands hinaus, um ihren Familien ein Einkommen zu ermöglichen. Oft war es angesichts der kargen Böden an der Küste und auf den Inseln die einzige Chance, zu überleben. Blieb ein Schiff auf See, dann bedeutete das ein großes Problem für die Daheimgebliebenen, in vielfacher Hinsicht. Neben Einnahmen fehlten nun auch jene, die Einnahmen überhaupt nach Hause bringen konnten. In ihrem Leitspruch – großes Herz, klarer Horizont – drückt sich vieles aus: Weltläufigkeit, Offenheit für andere Kulturen, aber eben auch Klarheit, das Ziel erreichen zu wollen.

Kapitäne überlassen in Vorbereitung auf einen Sturm nichts dem Zufall. Sie stellen sich auf Unwägbarkeiten ein, studieren die aktuellen Wetterberichte. Informieren sich noch mal bei der Wetterberatung. Ganz anders als in früheren Zeiten, als jede Reise ein Spiel mit den Ungewissheiten war und manche Kapitäne geradewegs in ihren Untergang segelten.

Eine solche Katastrophe, die in die Geschichtsbücher einging und 449 Menschen das Leben nahm, ereignete sich am 26. Oktober des Jahres 1859 vor der Küste von Wales.

Grund des Untergangs war ein furchtbarer Orkan. Doch auch mehrere Fehleinschätzungen eines Kapitäns spielen eine Rolle. Die „Royal Charter" galt als eines der fortschrittlichsten und schnellsten Schiffe ihrer Zeit. Ein typischer, schneller Klipper zwar, statt aus Holz aber mit Eisen gebaut und zusätzlich mit Dampfmaschinen und einer zweiblättrigen Schraube versehen. Das Beste der Frachtsegler also kombiniert mit dem damals modernen Dampf, und die Reederei in Liverpool vermarktete besonders die Geschwindigkeit ihres Flaggschiffs. Für die Reise von England nach Australien benötigte sie im Schnitt 60 Tage, was als hervorragender Wert galt. Nur, wenn es vor Kap Hoorn besonders stürmisch zuging, dauerte es länger.

Das Schiff befand sich von Melbourne auf dem Weg nach Liverpool, unter dem Kommando von Kapitän Thomas Taylor. Zwei Monate brauchte die „Royal Charter", eine ziemlich gewöhnliche Passage ohne besondere Vorkommnisse. Am 24. Oktober lief das Schiff Cork an der Südküste Irlands an, wo 14 Passagiere von Bord gingen.

Doch als das Schiff die Hafenstadt verließ, zog ein schwerer Sturm auf. Das Wetter verschlechterte sich stündlich, doch der Zielhafen Liverpool kam immer näher. Er war schon so nahe, dass die Angehörigen der Passagiere über die sichere Ankunft informiert wurden. Auf Höhe der Insel Anglesey schüttelten mächtige Böen das Schiff. Die See wurde immer rauer. Überlebende berichteten, dass Kapitän Taylor die Weisung erhalten habe, im nahe gelegenen Hafen von Holyhead Schutz zu suchen.

Der Kapitän aber entschied sich anders. Liverpool war doch so nahe. Er gab Befehl, auf Kurs zu bleiben, nur etwa fünf Seemeilen unter der Küstenlinie. Auf Höhe des Leuchtturms Lynas Point sollte die Royal Charter einen Lotsen aufnehmen. Doch der Sturm tobte nun bereits mit zehn bis elf Beaufort. Keine Chance, den Mann an Bord zu bekommen. In der Nacht erreichte der Wind dann die Stärke eines Hurrikans. Taylor hatte die Segel einholen lassen. Die Maschine schaffte es kaum noch, gegen die Wellen anzukommen. Er entschied nun doch, den Sturm vor Anker abzuwettern, in der Red Wharf Bay.

Als der Orkan seinen Höhepunkt erreichte, brach zuerst die Verbindung zum Backbord-Anker. Das Schiff begann zu treiben, und es dauerte nicht lange, bis auch der Steuerbord-Anker nicht mehr hielt. Die „Royal Charter" trieb auf die Klippen zu. Kapitän Taylor feuerte Notraketen ab und ließ die Masten kappen, um dem Orkan weniger Angriffsfläche zu bieten. Doch es war zu spät. Die Brecher warfen das Schiff auf die Klippen und begannen, den Rumpf aus Eisen zu zertrümmern. Ein Crewmitglied, er hieß Joseph Rogers, schaffte es schwimmend an Land. Er stellte eine Leinenverbindung her, über die sich einige kräftige Passagiere und Crewmitglieder retten konnten. Manchen gelang es auch, an die Küste zu schwimmen.

Für die meisten aber gab es keine Rettung. Sie ertranken oder wurden auf die Felsen geschleudert. 449 Menschen starben in dieser Nacht, darunter alle Frauen und Kinder an Bord. Nur 39 überlebten. Man benannte diesen furchtbaren Sturm später nach dem Schiff, das er zerstörte, und es gab noch andere, weitreichendere Folgen. Unter dem Eindruck des Orkans führte Kapitän Robert FitzRoy, Gründer und Chef des Wetterdienstes Met Office, einen Sturmwarnungsdienst ein. Auch eine besondere Geschichte, dieser Kapitän, der die moderne Wettervorhersage erfand. Charles Dickens inspirierten die Ereignisse zu einer Kurzgeschichte namens „The Uncommercial Traveller". Der Royal Charter Sturm gilt in der Region als schwerster Orkan des

19. Jahrhunderts und bis heute als schlimmster Orkan in der Geschichte von Wales.

Vermutlich hätte Kapitän Taylor viele Hundert und sein eigenes Leben retten können, wäre er in den Schutzhafen Holyhead eingelaufen. Doch er wusste es nicht besser. Er verließ sich auf seinen Instinkt, denn eine Wettervorhersage konnte er nicht auswerten. In einer Seeamtsverhandlung sprach man ihn posthum von Beschuldigungen frei, in denen es unter anderem hieß, er sei zum Zeitpunkt der Reise betrunken gewesen.

Auch in dieser Geschichte steckt einiges, das sich übertragen lässt auf die heutige Zeit. Kapitän Taylor von der „Royal Charter“ musste sich auf seinen Instinkt verlassen und lag auf tragische Weise daneben. Wäre er im Hafen von Liverpool angekommen, hätte man ihn für seine Kaltblütigkeit gelobt. Der Punkt ist: Er musste seinem Bauchgefühl vertrauen und eine Risiko-Einschätzung vornehmen. Heute ist das anders. Heute gibt es Wetterdaten, man sollte sagen: Fakten.

Dennoch war vor allem während der Coronapandemie zu beobachten, dass mancher „Kapitän“, also Entscheider in der Politik, entweder die Mahnungen von Virologen und anderen Fachleuten aus der Epidemiologie nicht ernst nahm oder beiseitewischte, weil sie nicht in die politische Agenda passen wollten. Wie viele Menschen starben in den USA, weil Präsident Donald Trump nicht den Wissenschaftlern vertraute, stattdessen aber zum Konsum eines Bleichmittels riet, das ansonsten bei der Desinfektion in Küchen zum Einsatz kommt? Wie viele Opfer wären hierzulande vermeidbar gewesen, hätte es von Rechtsaußen und von Teilen der FDP nicht eine seltsame Kampagne gegen das Tragen von Masken gegeben – und dies selbst dann noch, als die Wirksamkeit des FFP2-Schutzes längst erwiesen war?

In der Geschichte der Seefahrt gibt es einen Kapitän, der zum Mythos wurde, weil er vor seiner Zeit segelte. Robert Hilgendorf galt im späten 19. Jahrhundert als einer der berühmtesten Kapitäne, dessen Name von Ushuaia bis Yokohama bekannt war. Er segelte in Diensten der Reederei Laeisz, deren Schiffe alle mit dem Buchstaben „P“ begannen und die wegen ihrer hohen Geschwindigkeit „Flying P-Liner“ genannt wurden. Hilgendorf setzte neue Maßstäbe. Mit der „Potosi“, dem seinerzeit größten Segelschiff der Welt, transportierte er Salpeter von Chile nach Europa. 66 Mal umrundete Hilgendorf das berüchtigte Kap Hoorn, das Kap der Stürme. Nur ein Schiff verlor er, die „Parsifal“, beladen mit Kohle aus South Shields bei Newcastle im Nordosten Englands. Der Großsegler hatte die berüchtigten „Roaring Forties“ erreicht, die Seegebiete südlich des 40. Breitengrads, in denen die Stürme brüllen, als in einem Orkan Ladung verrutschte. Hilgendorf ließ die Fracht trimmen und schließlich sogar die Masten kappen, doch gegen Schlagseite und Sturm kam auch er nicht an. Die Crew einer britischen Bark, die „Saraca“, rettete die Schiffbrüchigen und brachte sie nach Irland. Zurück in Hamburg, bekam Hilgendorf, den keine Schuld am Unglück traf, direkt das nächste Kommando.

Als die „Potosi“ vom Stapel lief, war Hilgendorf Kapitän der Jungfernfahrt. Mit dem Schiff stellte er immer neue Rekorde auf. Die Reise vom Englischen Kanal nach Chile schaffte er in 58 Tagen, was als Sensation galt. Und er erreichte ein Etmal – in der Sprache der Seefahrt meint das die Strecke, die von einem Schiffsmittag bis Schiffsmittag zurückgelegt wurde – von 376 Seemeilen, mit einer Durchschnittsgeschwindigkeit von unglaublichen 15,7 Knoten.

Die Welt rätselte: Wie machte er das bloß? Woher kam dieses geheimnisvolle Gespür für den Wind? Manch einer raunte sogar, der deutsche Kapitän mit dem hageren Gesicht und markanten Schnurrbart sei mit dem Teufel im Bunde. „Teufel von Hamburg“ wurde Hilgendorf fortan auch genannt.

Doch sein Erfolg hatte nichts mit übersinnlichen Talenten zu tun, ganz im Gegenteil. Hilgendorf war einer der ersten Kapitäne, der wissenschaftlichen Erkenntnissen vertraute und sie sammelte. Was in der Seefahrt heute üblich ist, etwa der Gedanke, dass der schnellste Weg zum Ziel nicht unbedingt der direkte sein muss, galt damals noch als bahnbrechend. Hilgendorf konnte das Wetter dank seines Erfahrungsschatzes regelrecht „lesen“. Er beschäftigte sich mit den Werken des amerikanischen Marineoffiziers und Hydrografen Matthew Fontaine Maury, der nach einem schweren Unfall an Bord Direktor des Nautischen Observatoriums in Washington, D. C. geworden war. Als junger Matrose hatte Maury beobachtet, dass Kapitäne zwar Angaben zu Wetter, Wind und Strömungen in ihren Logbüchern notierten, diese jedoch meist in irgendwelchen Archiven landeten. Im Observatorium entdeckte er diese Logbücher gleich kistenweise. In akribischer Kleinarbeit begann Maury, die Angaben von den Meeren – die bis ins 18. Jahrhundert zurückreichten – zu sammeln und zu analysieren. Sein Ziel: Erkenntnisse über Flauten, Strömungen, Windstärken allen Kapitänen zur Verfügung zu stellen, um die Seefahrt sicherer zu machen. Auch über die Wanderungen der Wale, ein damals noch weitgehend unbekanntes Phänomen, erstellte er Karten, damit Kapitäne und Crews nicht unnötig Monate auf dem Meer verbrachten. Hilgendorf kannte die Wind- und Strömungskarten, die Maury seit 1854 veröffentlichte, und ließ sich von ihm inspirieren. Zwischen 1883 und 1898 reichte er insgesamt 16.500 Beobachtungssätze bei der Deutschen Seewarte in Hamburg ein. Ein wahrer Datenschatz für die Wissenschaft und die Grundlage für die methodische Meteorologie, die Vorhersagen möglich machte.

Der „Teufel von Hamburg“ war also nicht nur kerniger Kap Hoornier, der halbgottgleich mit einem schnellen Blick in den Himmel spürte, woher der Wind wehte, sondern vor allem ein modern denkender Anhänger der Wissenschaft. Vorsprung durch Wissen – so sollten nicht nur Kapitäne denken. Tragisch ist nur der Tod des legendären Nautikers. Robert Hilgendorf starb nicht auf See, sondern 1937 bei einem Fahrradunfall in seiner Heimatstadt.

„Wenn man nicht weiß,
welchen Hafen man ansteuert,
ist kein Wind günstig.“

SENECA D. J., BUCH EPISTULAE MORALES

WIR SCHAFFEN DAS

Die Warnung vor dem gewaltigen Sturm erreichte den Kapitän kurz nach dem Abendessen, nördlich von Hawaii. Er hatte mit seiner Crew und einigen Passagieren das neue Millennium gefeiert, und sein Schiff, die „TMM San Antonio", lief ruhig durch den Pazifik Richtung Westen, als das Fax auf der Brücke eintraf.

Was der Wetterdienst meldete, muss man als Monstrum bezeichnen. Ein Sturm mit Beaufort 17 auf der erweiterten Skala, was mehr als 210 Kilometer in der Stunde bedeutet. Gewaltige Wellenberge, die über den Ozean rollten. Und das Ganze in einer Ausdehnung von den Maßen Westeuropas, was bedeutete, dass es lange dauern würde, diesen Sturm zu durchlaufen.

Das nächste Fax, das die Maschine auswarf, lieferte eine Satellitenaufnahme und einen weiteren Warnhinweis. Ein anderes Schiff der Reederei befand sich bereits im Alaska-Sturmtief und in einer ernsten Lage. Eine große Welle hatte eine Einstiegsluke weggerissen, und der Frachter nahm Wasser.

Der Kapitän wusste, dass es nicht mehr lange dauern konnte, bis die See ein Inferno aus Wellen und Gischt sein würde.

Er legte das Fax zur Seite und ging zur elektronischen Seekarte. Aus einem Gefühl heraus und mit der Erfahrung vieler Jahre auf See hatte er vor Tagen schon einen südlichen Kurs gewählt. Sein Kollege, der jetzt in argen Nöten steckte, befand sich weiter nördlich. Der Kapitän ließ sich einen Kaffee bringen und seine Offiziere zusammenrufen. Er wusste, was nun zu tun war.

Der Kapitän, der mit der Warnung vor einem gewaltigen Sturm konfrontiert ist, heißt Manfred Schleiff. Ein groß gewachsener Seemann, der einen gerne mit einem No-Bullshit-Blick anschaut. Als das Fax ankommt, ruft er die Offiziere zusammen. Nun folgt er einer Art ungeschriebenem Protokoll, um sein Schiff so gut wie möglich vorzubereiten. Er ließ die Bulleyes schließen und die Container mit zusätzlichen Spannschrauben und Laschstangen sichern. Selbst die Leine am Fahnenmast wurde eingeholt, denn sie kann in schwerem Wetter zur tödlichen Peitsche werden.

Das Wetter war nun so extrem, dass er sich entschied, den Bug in die See zu legen und den Sturm „abzureiten". Das Schiff soll dem Wind und den Wellen dabei so wenig Angriffsfläche wie möglich bieten. „Kopp in die See", heißt das in der Sprache der Seefahrer. Schleiff ließ nun Doppelwache gehen, denn nach seiner Erfahrung können auch hartgesottene Seeleute im Angesicht der Naturgewalten manchmal die Nerven verlieren. Angst habe er nicht gehabt, erzählt er mir. Aber doch ein ungutes Gefühl.

Es sollte sich bewahrheiten, denn in den nächsten Stunden erlebte Schleiff das furchtbarste Wetter in all seinen Jahren auf See. Die „TMM San Antonio" zitterte unter den Schlägen der Brecher. Ein Kreischen war zu hören, es klang wie das Schaben Tausender Stahlschaufeln auf Beton. In der Dunkelheit der Nacht kämpfte sich der Frachter durch das Inferno. Im Wellental erhöhte Schleiff die Fahrt, um sie auf dem Kamm der Welle zu drosseln. Denn er musste vermeiden, dass der Bug „bergab" zu tief ins Wasser schnitt und nicht wieder auftauchte. Was eine der größten Gefahren für jedes Schiff bedeutet und viele Schiffe sinken ließ.

Mit einem Mal wurde es still, ganz still.

Die Natur schwieg, als hätte jemand den Ton abgestellt. Schleiff mochte es nicht glauben und öffnete das Schott an Steuerbordseite, um auf die Nock zu treten. Tatsächlich, absolute Windstille. „Und dann ein leises Zirpen, das langsam anschwoll, als ob Milliarden Libellen mit den Flügeln schlugen. Das Surren wurde zu einem Brüllen. Und dann sahen wir in zwei Meilen Entfernung diese furchtbare Wand", erzählt er mir.

Wie hoch diese Wand aus Wasser war? Das mag Schleiff nur schwer zu schätzen. Wie ich ihn kennengelernt habe, neigt er, ein Marineoffizier der Reserve, nicht zu Übertreibungen. Er vermutet, dass die Welle 32 Meter hoch war, vielleicht auch 35, womöglich auch noch größer. Klar war, dass der große Containerfrachter mehr Tempo brauchte, um dort hochzukommen. Schleiff gab Kommando „Volle Fahrt". Das

Schiff begann zu steigen, in einem Winkel von mehr als 25 Grad. Es dauerte einige Sekunden („die längsten Sekunden, die man sich vorstellen kann“), dann war die Spitze der Welle erreicht. Kurz vor dem Moment, in dem der Propeller frei in der Luft lag, stoppte der Kapitän die Maschine. Dem Rudergänger rief er zu:

„Ganz ruhig. Wir schaffen das!“

Dann fiel der Frachter hinunter ins Nichts. Schüttelte sich, richtete sich wieder auf. Das Wasser lief zwischen den Containertürmen ab. Kein Schaden. Schleiff wartete ab, ob eine weitere Monsterwelle folgte, doch es war überstanden.

Dieser Satz, „Wir schaffen“, das ist ein bekannter Satz, gefallen im Zusammenhang mit einer ganz anderen Welle.

Bundeskanzlerin Angela Merkel hat ihn in der Flüchtlingskrise des Jahres 2015 verwendet, während einer Bundespressekonferenz, als sich Hunderttausende Schutzsuchende bereits im Land befanden oder auf dem Weg waren. Ihre Aussage wird in der Regel verkürzt wiedergegeben, sie lautet so:

„Ich sage ganz einfach: Deutschland ist ein starkes Land. Das Motiv, mit dem wir an diese Dinge herangehen, muss sein: Wir haben so vieles geschafft – wir schaffen das! Wir schaffen das, und dort, wo uns etwas im Wege steht, muss es überwunden werden, muss daran gearbeitet werden. Der Bund wird alles in seiner Macht Stehende tun – zusammen mit den Ländern, zusammen mit den Kommunen –, um genau das durchzusetzen.“

Der Satz hat Angela Merkel lange begleitet. Dieser Satz – und man wundert sich an dieser Stelle nur – hat ihr eine solche Menge Kritik eingebracht, dass sie sich selbst ein wenig davon distanzierte. Weil zu viel hineininterpretiert worden sei, bis hinein in eine unproduktive Endlosschleife.

Was wiederum zeigt, wie verzerrt und polarisiert die politische Debatte nach mehreren Jahren Populismus durch die AfD ist. Der AfD-Vorsitzende Alexander Gauland rief Anhängern zu, er wolle das gar nicht schaffen, und Beatrix von Storch, stellvertretende Fraktionsvorsitzende im Bundestag, twitterte den Satz im Kontext einer Amokfahrt in Münster und versah ihn mit einem Wut-Emoji.

Was soll Frau Kapitän ihrer Crew denn anderes zurufen als Mut? Was soll sie anderes tun, als in einem Sturm Zuversicht zu verbreiten? Soll sie sagen: „Ne, unmöglich, legt euch wieder hin. Das schaffen wir nicht." Mal abgesehen davon, dass der Kern der Aussage stimmte, denn Deutschland schaffte ziemlich viel. Hunderttausende Asylsuchende wurden im Arbeitsmarkt integriert. Millionen Bürger engagierten sich in der Hilfe, organisierten Unterkünfte, halfen beim Sprachunterricht, kümmerten sich um Unterstützung bei Behördengängen. Warum der Fokus medialer Berichterstattung hierzulande so häufig auf einer kleinen, krakeelenden Minderheit liegt? Die AfD und – vermeintlich – konservative Kommentatoren schaffen es tatsächlich, die Bedeutung einer positiven Aussage „Wir schaffen das!" ins Negative zu drehen. Umfragen zeigten, dass beinahe die Hälfte der Befragten angaben, die Bundesregierung nehme die Sorgen der Bevölkerung beim Thema Zuwanderung nicht ernst. Angesichts der Aussage, um die es im Kern geht, erscheint das nahezu unglaublich.

Das schönste maritime Bild in diesem Zusammenhang lieferte der damalige Bundespräsident Joachim Gauck, der noch im Anfangsstadium der Debatte sagte: „Das Land ist nicht in einem Zustand wie ein sinkendes Schiff, es ist noch nicht mal in einem Zustand eines schweren Orkans, sondern es sind Böen, die uns schütteln, und es sind Böen, die die Gesellschaft auch ein wenig durcheinanderbringen." Es wurden dann schon heftigere Böen, als auch der teils gewalttätige Protest der „Querdenker" gegen Corona-Maßnahmen auf den Straßen der Städte hinzukam und sogar zu einen Sturm des Reichstagsgebäudes führte. Die Debatte um den eigentlich simplen Mutmacher-Satz „Wir schaffen das" zeigt, wie schwierig es für Politiker in solch aufgeregten Zeiten ist, als „Kapitän" zu agieren.

An anderer Stelle war vom „Dienstgesicht" die Rede, also der Bereitschaft, eigene Befindlichkeiten zurückzustellen. In der Reihe von Politikern, die ein „Dienstgesicht" zeigten, fällt mir als Erstes Helmut

Klares Denken, klares
Handeln, klare Ansagen.
Zeit für das „Dienstgesicht".

Schmidt ein, beispielsweise während der Flutkatastrophe in Hamburg oder der Entführung des Arbeitgeberpräsidenten Hanns Martin Schleyer. Äußerlich ohne jede Emotion, mit klarer Haltung und bestimmt auch ein wenig stur manövrierte er durch diese Krisen, was bis heute eine große Menge Befürworter feiert. Bis ins hohe Alter galt er als das rauchende Orakel aus Hamburg-Langenhorn; als Herausgeber der „Zeit" gab er noch lange den Kurs der gesellschaftlichen Debatten vor. Der ihm zugeordnete Ausspruch, dass sich in einer Krise wahrer Charakter zeigt, war während der Pandemie die meistzitierte Universalweisheit.

Die Frage ist, ob ein jüngerer Schmidt in der heutigen, um einiges komplizierteren Welt überhaupt noch Erfolg haben könnte. Die Mechaniken sind komplexer geworden, und die sozialen Medien haben emotionale Ebenen und Diskussionsfelder eingezogen, die in den Siebziger- und Achtzigerjahren nicht vorstellbar waren. Schmidt musste sich in der alten, der Bonner Bundesrepublik gewiss auch Mehrheiten organisieren, doch dies war gewiss einfacher. Unsere heutige Gesellschaft teilt sich immer mehr in Einzelinteressen auf, ist vielschichtiger, differenter, aufregender und aufgeregter und transparenter. Das joviale, teils arrogante Auftreten der alten Politiker-Garde – wie würde dies aufgenommen in einer Zeit, in der jedes Lächeln, Grinsen, Nasekratzen Anlass für Interpretationen bietet. Sich nach einem Helmut Schmidt zurückzusehnen, das ist, wie Musik auf einem alten Walkman zu hören.

Klingt nur in der Erinnerung gut.

Gezeichnet vom Kampf ums Überleben: Ernest Shackleton während seiner Expedition, die in die Geschichte einging.

DER MENSCHLICHE WILLE

Ich kenne keine Geschichte, die menschliches Durchhaltevermögen auf See besser beschreibt, als dieser Überlebenskampf. Was Ernest Shackleton und seine Crew aushielten: Es ist kaum nachvollziehbar. Es ist nicht zu glauben, dass sie nie aufgaben, trotz allem, was sich gegen sie stellte: Stürme. Eis. Kälte. Hunger. Pure Verzweiflung.

Sie fanden Auswege, wenn es keine Auswege mehr gab. Sie machten weiter, mit einer Kraft, die unerschöpflich zu sein schien. Sie überlebten, weil einer die richtigen Entscheidungen traf und sie als Crew funktionierten. Eine Einheit.

Was kann ein Mensch aushalten, wenn er seinen Geist kontrolliert?

Das Epos des britischen Abenteurers und Forschers beweist es. Im Dezember 1914 bricht der Ire auf, um mit seiner Mannschaft den antarktischen Kontinent zu durchqueren. 28 Männer, die wissen, worauf sie sich mit dieser Expedition einlassen. Sie wollen die Ersten sein, die es schaffen. Als ihre „Endurance“ aber Südgeorgien erreicht, umschließt Packeis das Schiff. Zunächst versuchen die Männer, sich den Weg freizuhacken. Es ist unmöglich. Sie richten sich also auf eine längere Wartezeit im Eis ein, bis es wieder Sommer wird in der Antarktis. Sie sind Gefangene in einer Wüste aus Eis, das sie umklammert. Im Mai verschwand die Sonne, drei Monate herrschte südpolarer Winter, Finsternis. Die Crew verbrachte die Tage unter Deck, während draußen schwere Blizzards tobten. Sie baute ihre Messe zum „Ritz“ um, in Anlehnung an das berühmte Hotel, und vertrieb sich die langen, dunklen Tage mit Lesen, Singen und Spielen. Routinearbeiten halfen dabei, keine Monotonie entstehen zu lassen.

Dann, am 27. Oktober 1915, kurz nach 15 Uhr, kippt die Lage. Aus „ernst“ wird „dramatisch“, denn der Druck des Eises lässt den Rumpf der „Endurance“ splittern und Balken bersten. „Alle Mann von Bord“, befiehlt Sir Ernest Shackleton.

Sie haben kein Schiff mehr. Sie haben Vorräte, die vielleicht für vier Wochen reichen, einige Hunde, Zelte aus Leinen und ein paar Schlitten.

Das Weddelmeer ist tiefgefroren. Rettung? Sieht wirklich schlecht aus.

Zu den Falklandinseln sind es 2000 Kilometer.

Nach Südgeorgien sind es 1800 Kilometer.

Ab Tag 327 der Expedition geht es nicht mehr um die Gestaltung des Lebens, sondern nur noch um das reine Überleben. Das Eis hat ihnen den Schutzraum „Endurance" genommen. Shackleton entscheidet, dass die Männer zur Pauletinsel marschieren, die im Nordwesten liegt, ungefähr 600 Kilometer entfernt. Eine schwedische Expedition, das weiß er, hat dort eine Hütte mit Nahrungsmitteln hinterlassen. Jeder aus der Crew darf zwei Pfund persönliche Habe auf den Marsch mitnehmen – alles andere versenkt man im Eis. Die Männer gehen los, waten durch hüfthohen Tiefschnee, suchen sich einen Weg durch die Eisbrocken und kommen extrem langsam voran. Jeden Tag sind es anderthalb Kilometer Luftlinie, trotz der Strapazen, und Shackleton erkennt, dass es keinen Sinn macht. „The Boss", wie ihn die Crew respektvoll nennt, ändert den Plan.

Sie kehren zur „Endurance" zurück und errichten aus den Trümmern des Schiffs ein Lager, das sie „Ocean Camp" nennen. Sie jagen Robben und Pinguine, benutzen das Fett als Brennstoff und das Fleisch zum Kochen. Doch die Population der Tiere geht bald zur Neige. Die Männer hungern und sorgen sich, weil die Eisscholle, auf der sie ausharren, immer weiter schrumpft. Nun ist der Sommer gekommen, auf den sie gewartet hatten, aber er ist nun ihr Feind. Nervös reagieren sie auf jedes Krachen und Knacken des Eises. Shackleton ändert den Plan.

Als das Eis so weit aufgetaut ist, bringen die Männer ihre drei Rettungsboote zu Wasser und rudern Richtung Nordwesten. Ihr Ziel ist die Elefanteninsel, etwa hundert Kilometer entfernt. Eine Reise voller tödlicher Gefahren in den kleinen Booten: Das Packeis ist tückisch, und die Stürme sind von ungeheurer Härte. Gischt spritzt hoch und gefriert bei Temperaturen von minus 20 Grad sofort, sie überzieht die überladenen Boote mit einer Schicht aus Eis. Die Männer frieren, leiden unter Frostbeulen, sie schlafen nicht und werden seekrank. Weil sich die Sonne nicht zeigt, kann Frank Worsley, der begnadete Navigator, kaum die genaue Position bestimmen. Sollten sie aber die Insel verpassen, dann ist das ihr Todesurteil. Dann sind sie in der Weite des Ozeans verloren.

Fünf Tage, fünf Nächte vergehen, die Männer sind am Ende, körperlich, aber auch mental. Dann aber bricht am Morgen des 14. April der Nebel auf. Sie sehen einen Berg, angestrahlt von der Sonne, es ist die Clarence-Insel. Wenig später kommt an Backbord auch die Elefanteninsel in Sicht. Die Männer mobilisieren die letzten Reserven. Jetzt aber weht der Sturm von Nordwesten, was es ihnen unmöglich macht, voranzukommen. Zu ihrem Glück ändert der Sturm gegen Mitternacht die Richtung und treibt sie auf den Strand zu.

Am 15. April 1916 landen die Männer auf der Elefanteninsel. Alle haben bis hierhin überlebt, was erstaunlich ist. „Einige wankten über den Strand, als hätten sie an dem unwirtlichen Ufer Unmengen von Alkoholika gefunden", berichtet Shackleton später. „Sie lachten lauthals, hoben Steine auf und ließen Kiesel durch ihre Finger gleiten, wie Geizhälse, die sich an ihrem gehorteten Gold erfreuen." Weil ihm der Strand direkt unterhalb einiger Kliffs, von denen Steinschlag droht, als zu gefährlich erscheint, lässt er die Crew erneut in die Boote klettern und einige Kilometer entfernt ein neues Lager errichten. Die Männer nennen es „Cape Wild". Die Entscheidung, den Lagern Namen zu geben, ist kein Zufall. Shackleton schafft damit, so vermute ich, eine Identität, einen Bezugspunkt.

Doch was nun?

Niemand kann die Schiffbrüchigen hier finden, weil sie hier auch niemand suchen wird. Kap Hoorn und die Falklandinseln liegen weit im Norden, doch gegen die Stürme aus dieser Richtung haben sie keine Chance. Auf Südgeorgien, knapp 1200 Kilometer weit weg, existieren Walfangstationen. Die Strapazen haben der Crew schwer zugesetzt, einige Männer sind verletzt, sie leiden unter Erfrierungen. Shackleton muss schnell handeln, bevor der antarktische Winter ihnen Barrieren aus Eis in den Weg schiebt. Er ändert den Plan.

Am 24. April brechen sechs Männer mit dem Rettungsboot „James Caird“ auf, um Hilfe zu holen. Neben Shackleton sind es der Navigator Frank Worsley, der Zweite Offizier Tom Crean, Schiffszimmermann Harry McNeish und die hartgesottenen Seeleute Timothy McCarthy und Jack Vincent. Der Rest der Crew bleibt zurück. Was der Rettungstrupp versucht, erscheint unmöglich. Die Alternative ist, dass sie alle auf der Elefanteninsel sterben.

Im fernen London sorgen sich Shackletons Freunde, weil sie lange keine Nachrichten gehört haben. Sogar der Premierminister und die Admiralität der Royal Navy werden einschaltet. Hilfsangebote gehen ein, unter anderem vom berühmten Polarforscher Fridtjof Nansen, der seine berühmte „Fram“ zur Verfügung stellen möchte, auf der er mehrere Jahre in der Arktis verbrachte.

Shackleton und seine Männer sind am anderen Ende der Welt auf sich alleine gestellt und die Entbehrungen, die vor ihnen liegen, eigentlich unvorstellbar. Knapp 650 Seemeilen in einem offenen Boot. Kälte, Nässe, Eis. Sie pumpen um ihr Leben Wasser von Bord, kämpfen mit dem kleinen Segel und überkommenden Wellen. Ein Sturm folgt dem nächsten, der Ozean ist aufgepeitscht. Salzwasser dringt in eine von zwei Trinkwassertonnen ein. Shackleton rationiert die letzte Reserve auf einen Viertelliter pro Tag. Der Durst setzt ihnen zu. Als sie Seetang auf der Meeresoberfläche entdecken, kehrt Hoffnung zurück. Sie müssen ganz in der Nähe sein! Seemeile für Seemeile geht es voran.

Nach 15 Tagen auf See schreit McCarthy: „Land!“

Worsley, das Genie eines Navigators, hat sie nach Kap Demidov an die Südküste Südgeorgiens gelotst. Doch auch diese Etappe kommt nicht ohne Drama aus: Der Sturm steigert sich zu einem ausgewachsenen Orkan. Kurz vor dem Ziel droht das nur sechs Meter lange Boot an den Klippen zu zerschellen.

Die Männer versuchen, in eine Bucht hineinzusegeln, scheitern aber am Sturm. Eine weitere Nacht überleben sie nicht. Dämmerung liegt über dem wilden Land, als der Skipper eine enge Bucht entdeckt und volles Risiko geht: „James Caird“ läuft auf den Strand. Die Männer hören ein Gurgeln. Es ist ein Bach. Sie finden außerdem eine kleine Höhle, die sie mit Gras auspolstern können, Treibholz für ein Feuer und Nester von Albatrossen. Vier Tage lang ruhen sie sich aus und sammeln Kräfte. In Sicherheit sind sie noch immer nicht – die Walfangstation liegt im Norden der Insel. Sie aber sind im Süden gestrandet. Niemand möchte nach den Erfahrungen der letzten Wochen wieder ins Boot steigen. Shackleton ändert den Plan.

Gemeinsam mit Worsley und Crean bricht er zu Fuß auf, um die Insel zu durchqueren. Ihre Ausrüstung: Schuhe, in deren glatte Sohlen der Schiffszimmermann Schrauben drehte, Päckchen mit ein wenig Proviant und eine grobe Inselkarte. Stundenlang laufen sie durch eine Landschaft aus Schnee, Gletschern und steilen Felswänden. Sie verlieren die Orientierung, dehydrieren und beginnen zu halluzinieren. Shackleton und auch beide Begleiter geben hinterher an, immer wieder das Gefühl zu haben, von einer „vierten Person" begleitet worden zu sein. Am nächsten Morgen hören sie eine Dampfpfeife. Das ist der Arbeitsruf einer Walfangstation! Sie klettern auf einen Kamm, sehen eine Bucht – und zwei Walfangschiffe! Nach einem Marsch, der insgesamt 37 Stunden dauert, torkeln die drei Gestalten in die Walfangstation.

Am nächsten Morgen dampft der Walfänger „Samson" auf die Südseite der Insel, um die Männer der „James Caird" in der Bucht abzuholen, auch sie sind nun in Sicherheit. Nun gilt es für Shackleton, die Hälfte seiner Crew von der Elefanteninsel zu holen, deren Vorräte bald aufgebraucht sein werden. Er chartert den Walfänger „Southern Sky" und fährt los. Doch schon bald stoßen sie auf einen Panzer aus Eis, finden keine Lücke, und die Kohlen gehen zur Neige. Ihm bleibt keine Wahl, als Port Stanley auf den Falklands anzulaufen, um ein besser geeignetes Schiff zu finden. Die britische Admiralität aber kann ihm bis Oktober keine Alternative bereitstellen, und dann ist es zu spät. Hilfe kommt von der Regierung Uruguays, die einen Trawler anbietet.

Am 17. Juni 1916, Tag 561 der Expedition, gehen Shackleton, Worsley und Crean mit der Crew des Trawlers in See. Nach drei Tagen kommt die Elefanteninsel in Sicht, doch erneut verhindert ein Eisring die Weiterfahrt. Wieder werden die Kohlenvorräte knapp; der Maschinist meldet, dass sie gerade noch die Rückfahrt schaffen. Das Schiff dampft also zurück auf die Falklands. Shackleton ändert den Plan.

Die Männer nehmen ein britisches Postschiff und reisen nach Punta Arenas, einer Hafenstadt an der Südspitze Südamerikas, wo sie von Briten empfangen werden. Innerhalb weniger Tage sammelt diese Gemeinschaft eine Summe, die es Shackleton ermöglicht, den Zweimastschoner „Emma" zu chartern. Die chilenische Regierung stellt außerdem einen Dampfer namens „Yelcho" zur Verfügung, und dieser Rettungskonvoi steuert nun Richtung Elefanteninsel. Es muss doch gelingen, die Männer zu retten. Doch wieder ziehen heftige Stürme über das Meer. Die Schiffe müssen beidrehen, das Schleppseil reißt, und die „Yelcho" kehrt um. Die „Emma" stößt auf einen Panzer aus Eis – und wieder gibt es für Shackleton kein Durchkommen. Das Schiff ist zu leicht, die Hilfsmaschine fällt aus, und nur mit der Kraft des Segels macht es keinen Sinn. Zum dritten Mal dreht Shackleton ab, und man fragt sich an dieser Stelle, was ein Mensch alles aushalten kann.

Als er am 14. August 1916 in Punta Arenas von Bord geht, ist er verzweifelt und körperlich so geschwächt, dass er gestützt werden muss. Doch sein Wille, die Männer zu retten, ist ungebrochen. Schnell sammelt er wieder Kräfte und bittet die chilenische Regierung, ihm die „Yelcho", ein kleines, aber starkes Stahlschiff, für einen letzten Rettungsversuch zur Verfügung zu stellen. Elf Tage später wirft die Crew die Leinen los.

Am 30. August treffen sie vor der Elefanteninsel ein, fahren zwischen zwei Eisbergen hindurch und suchen im Nebel die Küste ab. Die Schiffbrüchigen, die am Strand gerade dabei sind, Schalentiere zu knacken, erkennen den kleinen Dampfer. Die Männer haben überlebt, indem sie zwischen zwei Felsblöcken eine Konstruktion aus dem Holz der Boote und Zeltwänden bauten, in der sie auf zwei Ebenen leben. Frank Wild, Seemann und Antarktisfahrer, sorgt für einen streng geregelten Ablauf im Tag.

Jeden Morgen um sieben Uhr: Ofen anfeuern. Danach Frühstück, meist Pinguin, anschließend wird die Arbeit verteilt. Schneeschaufeln, Robben jagen. Mittagessen um halb eins. Nachmittags: Kleider flicken am Feuer. Halb fünf: Abendessen. Danach lesen die Männer im Schein einer Lampe, gebastelt aus Sardinendosen. Jeden Samstag gibt es ein Konzert mit Liedern, die alle auswendig kennen. So gelingt es Wild, die Eingeschlossenen trotz Einsamkeit, Kälte, Hunger und Monotonie bei Laune zu halten.

Sie vertrauen darauf, dass Shackleton zurückkommen wird, um sie zu retten. So ist es auch. Als sich die Nachricht von der Sichtung des Dampfers im Lager herumspricht, schlagen die Verzweifelten ein Loch in die letzte Dose Petroleum, tränken Kleidung darin und zünden sie an. Sie laufen schreiend an den Strand, winken und sehen, dass der Dampfer den Anker fallen lässt. Ein Boot kommt näher. Dann erkennen sie Ernest Shackletons wuchtige Erscheinung.

Gemessen an dem, was an Strapazen hinter allen Beteiligten liegt, fällt der Moment des Wiedersehens erstaunlich unsentimental aus.

„Sind alle wohlauf?“, fragt Shackleton. „Ja, alle gesund“, ruft Wild zurück.

Shackleton spendiert Zigaretten und Tabak und drängt zum schnellen Aufbruch. Bloß nicht noch eine Überraschung, bloß nicht wieder in einem Gürtel aus Eis hängen bleiben. Die Männer räumen das Lager.

Am 3. September 1916 läuft die „Yelcho“ in Punta Arenas ein und wird von den Einwohnern der Hafenstadt begeistert empfangen. Eine Blaskapelle spielt, auf der Kai jubeln Menschen, und die Crews anderer Schiffe lassen ihre Hörner klingen. 22 Männer mit unrasierten, rußgeschwärzten Gesichtern, die in Lumpen stecken, stolpern an Land.

Shackleton hat ein Wunder geschafft. Aber ist es das wirklich? Ist es nicht vielmehr das Ergebnis eines Willens, der noch stärker war als die Stürme des Südatlantiks, als jeder Packeisgürtel, als Zweifel und Angst. Die Londoner „Times“ nennt Shackleton einen der „größten Heroen aller Zeiten“.

Ich halte das nicht für eine Übertreibung.

Forschern der Expedition „Endurance 2022“ gelingt 107 Jahre, nachdem Shackleton aufgebrochen war, eine Sensation. Sie entdecken das Wrack des legendären Schiffes in 3008 Metern Meerestiefe, nur vier Seemeilen südlich der von Kapitän Worsley im Logbuch verzeichneten Position. „Dies ist bei Weitem das schönste hölzerne Schiffswrack, das ich je gesehen habe“, sagt Mensun Bound, Forschungsdirektor der Expedition. Auf den Aufnahmen, die Tauchroboter aus der Tiefe der See mitbringen, ist zu sehen, dass selbst der Schriftzug am Heck gut lesbar ist. Gehoben wird das Wrack nicht. Es steht als Kulturgut der Menschheit unter dem Schutz des Antarktisvertrags.

DIE CREW

Zu den Kapitänen, die ich am liebsten mag, gehört Johannes Hritz, ein Trawlerkapitän aus Bremerhaven, dessen Fahrtgebiet zum Härtesten gehört, was die Ozeane zu bieten haben. Nordatlantik, Island, Grönland, Spitzbergen, die Nordküste von Norwegen. Er ist einer der Männer, die dafür sorgen, dass wir Fisch auf den Teller bekommen, im täglichen Kampf mit den Elementen. Ganz im Gegensatz zu seinem wilden Beruf verbreitet Hritz eine unglaubliche Ruhe und Ausgeglichenheit.

„Ich achte als Kapitän darauf, dass ich gut mit meinen Leuten auskomme“, sagt Hritz. Aufgaben müssten erfüllt werden, immer, doch es komme vor allem auf eines an: auf Respekt. Mit vielen seiner knapp 30 Crewmitglieder fahre er seit Jahren, das ist ihm wichtig, denn er sehe gerne vertraute Gesichter, besonders auf seiner Brücke.

Wer in der Fischerei arbeite, der müsse eben auch etwas aushalten können. Viele Dinge, über die man sich auf Land aufrege, finde er nicht „spektakulär“. Unter diese Kategorie fallen für Hritz Schnittwunden, egal wie tief, denn dafür gibt es doch den Tacker an Bord. Herzinfarkt, Knochenbruch, Nierenkolik und Blinddarm zählen, dafür unterbricht er die Fangreise – die bis zu einem Vierteljahr dauern kann – und steuert einen Hafen an. Alles andere wird gefälligst getackert.

Problematisch werde die Stimmung an Bord nur dann, wenn er keinen Fisch findet. Dann mache sich Langeweile breit, was dazu führe, dass die Seeleute Zeit hätten, darüber nachzudenken, wie lange sie schon nicht an Land waren und sie ihre Familien nicht sahen. „Wir passen aufeinander auf da draußen", sagte Hritz.

Wer möchte nicht mit einem Kapitän unterwegs sein, der solche Werte vermittelt? Vor allem die Bedeutung des Wortes Respekt ist doch so unglaublich wichtig. Ein bisschen mehr Grundrespekt würde doch helfen, in so ziemlich jeder Lage. Die Fähigkeit, sich in die Lage eines anderen zu versetzen und nachzuvollziehen, was der andere wohl durchmacht. Kapitäne schwören auf die Ausbildung früherer Zeiten, in der man alle Positionen durchlaufen musste, um auf der Brücke zu landen. Wer selbst mal die Bilge auspumpen oder die Klos schrubben musste, der weiß später besser, worum es geht.

Ein Kapitän wurde durch seine Fürsorge und den besonderen Umgang mit der Mannschaft zu einer Art Nationalheiligtum. Werden Briten nach dem größten Helden ihrer Geschichte gefragt, dann landet ein Name immer ganz oben auf der Liste: Horatio Nelson. Was natürlich auch, aber nicht nur an seinen Erfolgen als Vizeadmiral in der Royal Navy liegt. In einer Zeit, in der sich die meisten Kommandanten auf brutale Disziplin und das Knallen der Peitsche verließen, kümmerte sich Nelson um das Wohlergehen seiner Crew. Er sorgte dafür, dass seine Schiffe frische Nahrungsmittel und ausreichende Mengen sauberes Trinkwasser an Bord hatten. Er nahm in einer Zeit, in der die Gesundheit eines Seemanns wenig zählte, einen Chirurgen mit. Sein Kümmern ging weit über das hinaus, was üblich war. Als einer seiner Kapitäne starb, übernahm Nelson persönlich die Kosten für die Beerdigung und unterstützte seine Witwe finanziell.

Nelson, Sohn einer wohlhabenden Familie aus Norfolk im Osten Englands, wurde von Zeitgenossen als körperlich schwach und kränklich beschrieben. Sein Körperbau war schmächtig, er war gerade

1,65 Meter groß, litt immer wieder an der Seekrankheit und anderen Gebrechen und verlor im Kampf ein Auge sowie einen Arm. Doch seine nautischen Fähigkeiten waren überragend – und vor allem gelang es ihm, seine Crews zu echten Gemeinschaften zusammenzuschweißen. Die Seeleute gaben ihm zum einen die gezeigte Fürsorge zurück, und zum anderen mochten sie seinen Führungsstil, der heute „Nelson touch" genannt wird.

In den Tagen vor der Seeschlacht bei Akubir motivierte er seine Kommandanten, an einem Strang zu ziehen, aber auch, sofern es erforderlich sein sollte, unabhängig zu handeln. Auch dies war ein Konzept, mit dem er seiner Zeit weit voraus war. Er erklärte den Kommandanten seinen groben Plan, ließ seinen Leuten dabei aber Freiheiten, wie sie ans Ziel gelangten. In seiner Karriere ignorierte Nelson selbst auch mal Befehle oder legte sie so aus, dass sie für ihn einen Sinn ergaben. Etwa in der Seeschlacht um Kopenhagen, 1801, als das Oberkommando sofortigen Rückzug signalisierte, Nelson aber einfach weitersegelte. Dabei hielt er sich ein Teleskop vor das erblindete Auge, um hinterher ohne Ironie festzustellen, dass er die Zeichen nicht gesehen habe. Die englische Redensart „turning a blind eye" (etwas absichtlich übersehen) geht auf dieses Ereignis zurück.

Dann der 21. Oktober 1805, die Schlacht von Trafalgar, vermutlich das berühmteste Seegefecht überhaupt. Napoleon plante die Invasion Englands, doch Nelson, der die französisch-spanische Flotte vorher bis zu den Antillen (der heutigen Karibik) und zurückverfolgt hatte, stellte sie am Kap Trafalgar, in der Straße von Gibraltar. Legendär wurde das Signal, das er setzen ließ: „England erwartet, dass jeder Mann seine Pflicht tut." Das funktionierte ziemlich gut.

Frankreich und Spanien verloren in der Folge 22 Schiffe. England ein einziges.

Die Niederlage nahm Napoleon jede Chance auf eine Einnahme Englands, hatte also die größten geopolitischen Auswirkungen in ihrer Epoche. Nelson bewies in der Schlacht unglaublichen Mut, indem er die feindlichen Linien querte und aus nächster Nähe das Flaggschiff des Gegners angriff. Dabei traf ihn die Kugel eines Scharfschützen in den Rücken. Seine letzten Worte, die er in den Armen von Vizeadmiral Thomas Hardy wisperte, lauteten: „Thank God I performed my duty" (Gott sei Dank habe ich meine Pflicht erfüllt.)

Die Crew konservierte den Leichnam in einem Rumfass, um ihn zurück nach England zu bringen, wo Nelson mit einem für militärisches Personal unüblich pompösen Staatsbegräbnis verabschiedet wurde. Ob es wirklich stimmt, dass die Seeleute aus dem Rumfass tranken, wie es im Shanty „Nelson's Blood" besungen wird? Ganz sicher wissen wir das nicht, doch eines ist auch klar. Nelson hätte es bestimmt gefallen.

Was wir von ihm im Berufsleben lernen können, ist offensichtlich. Zuhören. Sich kümmern. Den Teamgedanken stärken. Was manchmal bedeutet, auf eigene Verdienste zu verzichten und Erfolge zu teilen und Leuten den eigenen Kopf zu lassen. Der Gedanke, dass eine Gemeinschaft immer intelligenter ist als der Einzelne, mag nicht jedem behagen, doch er ist richtig. Auch der soziale Aspekt spielt eine Rolle in einer Zeit, in der Menschen durchschnittlich mehr als fünf Stunden ihres Tages am Smartphone verbringen. Im Durchschnitt, manche nehmen das Telefon mit auf die Toilette und leben, ohne dies zu reflektieren, in einer Art eigenen, virtuellen Blase.

Je wohler sich eine Crew fühlt, desto loyaler wird sie mit einem durch jeden Sturm segeln. Wobei das Beispiel Nelson auch zeigt, wie wichtig die Funktion des Vorbilds ist. Wenn er seine Crew anfeuerte, näher an den Gegner heranzugehen, klang das deshalb so überzeugend, weil er selbst am nächsten am Feind war. Wenn er seine Crews anführte, dann wusste er eben genau, was er tat. Seine Taktiken in den Schlachten von Kopenhagen und Trafalgar waren so bahnbrechend, dass sie bis heute studiert und sogar imitiert werden, mehr als zwei Jahrhunderte später.

Nelson diente nicht nur als Kapitän. Er war Motivator, Coach, Navigator, First Kümmerer, Vorbild und fühlte sich nebenher noch zuständig für Catering und die Bordapotheke. Was wiederum auch

zeigt: Ein guter Kapitän sein zu wollen – das bedeutet mächtig viel Arbeit.

Auf einem gut geführten Schiff mit einem empathischen Kapitän gibt es eine gewisse Geborgenheit. Einen Schutzraum, den es auch braucht bei harter Arbeit und sozialer Isolation. Nicht jeder, der diese eigene Welt auf den Wellen verlässt, kommt damit zurecht. Ich kannte einen Kapitän, der sich im Leben an Land nicht zurechtfand. Er vermisste die klaren Strukturen, die geregelten Abläufe – und auch das Miteinander, berichtete er mir. Sein Leben lang fuhr er auf Tankern, besonders Supertanker, und verbrachte den Lebensabend in einem Pensionsheim für Seeleute im Hamburger Stadtteil Altona. Jeden Abend nahm er den Aufzug hinauf aufs Dach. Von einer Terrasse aus gibt es einen weiten Blick Richtung Elbe. Man sieht die Containerbrücken und die Lichter des Hafens. Der alte Seemann fuhr hinauf, meistens mit einem Heißgetränk, und schaute wehmütig den Schiffen hinterher.

Doch auch beim Thema Kameradschaft gilt es zu differenzieren. Vom Klischee der „verschworenen Gemeinschaft" ist bei genauerem Hinsehen in der modernen Welt der Großcontainerschiffe kaum etwas übrig. Selbst auf mehr als 400 Meter langen Schiffen, die so groß sind, dass Seeleute mit Fahrrädern unterwegs sind, bilden kaum mehr als 20 Seeleute eine Crew. Einsamkeit ist daher ein großes Thema. Lange, schmerzhafte Trennung von ihren Familien setzt den Seeleuten zu. Vom Klischee, dass ein Matrose in jedem Hafen feiern geht, mit schnellen Frauen und schnellen Drinks, ist heute gar nichts mehr übrig. Die Containerterminals sind so weit draußen und von den Resten der Rotlichtviertel entfernt, dass sie unerreichbar sind und die Seemannsmissionen Dependancen in der Nähe der Containertürme errichten.

Seemannspastoren berichten, unter welchem seelischen Druck Seeleute stehen. Als ich den Seemann Klaus Ricke interviewte, einen Kapitän mit legendärem Ruf, der die Ausbildungsbark „Alexander von

Humboldt 2“ um Kap Hoorn segelte, fragte ich ihn auch, was er von der modernen Seefahrt hält. Er sah mich einen kurzen Moment an, als habe er in einen miesen Matjes gebissen.

Dann sagte er: „Ich empfinde sie als menschenverachtend.“

Schiffsführung und Offiziere würden noch vernünftig bezahlt und mit Urlaub ausgestattet, doch die Bedingungen, unter denen die einfachen Matrosen arbeiten, erinnerten ihn an „modernen Sklavenhandel“. Sie werden in Billigstlohnländern rekrutiert und mit kurzfristigen, schlecht bezahlten Verträgen ausgestattet. Äußern sie Kritik, war es das. Lange Arbeitszeiten an Bord der gewaltigen Schiffe, kurze Liegezeiten in den Häfen bestimmten das Leben an Bord. Der Seemann sei für zu viele Reedereien nichts anderes als ein lästiger Kostenfaktor weit hinter dem Horizont. Ein Billiglöhner, der an Bord mancher Schiffe nicht mit dem Namen, sondern mit seiner Berufsbezeichnung und einer Nummer angeredet wird.

Ausbeutung in der Seefahrt ist so alt wie die Branche selbst. Schon immer gab es Reedereien, denen das Wohlergehen ihrer Seeleute so wichtig war wie ein Möwenschiss in Madagaskar. Die Geschichte ist voller haarsträubender Ungerechtigkeiten und Umstände, die mit dem Gedanken des Humanismus nicht zu vereinen sind. Noch im 19. Jahrhundert sanken Tausende Schiffe einfach deshalb, weil sie heillos überladen waren. Reeder hatten die Schiffe so gut versichert, dass es ihnen beinahe egal war, ob sie am Zielhafen ankamen. Dabei war die Lösung so einfach: ein mehr oder weniger simpler Strich, der anzeigte, wie weit ein Schiff gefahrlos beladen werden konnte. Erst, als der Unternehmer und Abgeordnete Samuel Plimsoll (1824–1898), der eigentlich gar nichts mit der Seefahrt zu tun hatte, für diese Freibordmarke kämpfte, änderte sich etwas. In zähen, jahrelangen Verhandlungen, die immer wieder an der mächtigen Lobby der Reeder im Parlament zu scheitern drohten, brachte er die Marke an die Schiffe. Zumindest in der Theorie, denn mancher Reeder ließ sie zwar anbringen – doch auf Höhe des Schornsteins. Aus heutiger Sicht nicht zu fassen, noch im 19. Jahrhundert aber zählte ein Menschenleben nicht.

Wenn also von „Sklavenarbeit" die Rede ist, sollte man mit der Begriffswahl vorsichtig umgehen. Doch die Ausbeutung der Seeleute – die knapp 90 % der Waren weltweit transportieren, also uns alle täglich beliefern – ist auch heute noch bittere Realität. In einer Studie der Yale-Universität in Zusammenarbeit mit der Seefahrer-Organisation „Seafarers Trust" kam heraus, dass jeder vierte Seemann unter Depressionen oder einer depressiven Verstimmung leidet und sich jeder Fünfte mit Selbstmordgedanken trägt. Auch scheint an Bord mancher Schiffe ein Klima der Gewalt zu herrschen, mit systematischem Mobbing. Seeleute von den Philippinen und aus Osteuropa berichteten darüber vier Mal häufiger als Kollegen aus westlichen Ländern.

Wobei man sich fragt, wo es diese überhaupt noch gibt. Für deutsche Seeleute ist es durch die Niedriglohnpolitik vieler Reeder extrem schwierig bis unmöglich geworden, überhaupt eine Heuer zu finden. Vor Kurzem traf ich Andreas Latz, den Seemannspastor von Bremerhaven, dem zweitgrößten deutschen Hafen. Er berichtete von der Begegnung mit einem jungen Syrer, noch im Seefahrtstudium. Drei Monate später war er kaum wiederzuerkennen: Er wirkte abgemagert und war übermüdet. Ein Problem für Seeleute ist der Mangel an Schlaf und die Erschöpfung durch die Arbeit. „Die kurzen Vier-Stunden-Wachen lassen keinen geregelten Schlafrhythmus zu", sagte mir Latz. Manche Seeleute klagen im Hafen über Sehprobleme, doch bei Untersuchungen stellt sich dann heraus, dass mit den Augen alles in Ordnung ist.

Chronische Erschöpfung ist das Problem.

Dennoch gibt es funktionierende Crews, besonders in der Fischerei. Wie man es als Kapitän hinbekommt, dass die Mannschaft zusammenhält, erklärte mir Kapitän Heinz „Hein" Götzie, ein Haudegen aus Cuxhaven, der leider schon verstarb. Es gelte, im richtigen Moment hinzusehen. Es gelte aber auch, sagte er, im richtigen Moment wegzusehen. Die Mischung aus Nachsehen und Wahrung des Respekts sei entscheidend dafür gewesen, dass man auf See miteinander auskam. Ein Aspekt für das Verständnis, da ist er ganz bei seinem Kapitänskollegen Hritz: die harte Arbeit selbst einmal geleistet zu haben.

Wer bei minus 20 Grad auf der Barentssee drei Tage am Stück an Deck gestanden habe, der lerne nicht nur, im Stehen zu schlafen, sondern auch, den Männern zu verzeihen. Wenn sie zum Beispiel im Hafen von St. Pierre auf Neufundland eine Schlägerei anzettelten, dass die örtliche Polizei die Nationalgarde als Beruhigungsmaßnahme dazurief. Andererseits sei es für ihn eben auch wichtig gewesen, dass Anweisungen umgesetzt wurden. Einmal sei eine Geburtstagsparty in der Messe aus dem Ruder gelaufen und in eine „Marmeladenparty" ausgeufert, was selbst Götzie, der so vieles gesehen hatte, nicht so recht zu erklären vermochte. Die Wände sahen jedenfalls aus wie ein aufgeklapptes Frühstücksbrötchen. Götzie meint, er habe sich nicht aufregen wollen. Also sagte er bloß: „Toll gemacht, Jungs, feine Party. In zwei Stunden komme ich hier noch mal rein. Dann ist wieder alles so, wie es mal war." Als er später wieder reinschaute, habe der Raum gerochen und geglänzt, als sei „Meister Propper", der glatzköpfige Typ aus der Werbung, zur Hochform aufgelaufen.

Nur eines mochte Götzie gar nicht. Zuträger. Auf einer Reise sei immer wieder ein Seemann auf die Brücke gekommen, um ihn mit dem neuesten „Bordfunk" zu versorgen: „Herr Kapitän, wissen Sie eigentlich, was der über Sie sagt." Wusste der Angesprochende lieber nicht, war ihm aber auch herzhaft egal, und im nächsten Hafen gab es für den Informanten den „Sack", wie man in Seefahrersprache sagt. Er wurde entlassen. „So einen kann man wegen des Klimas an Bord nicht gebrauchen", fand Götzie.

Durchaus verständlich. Jede Firma, egal wie groß, funktioniert am Ende doch wie ein Boot. Wer möchte mit jemandem unterwegs sein, der so wenig vertrauenswürdig ist? Von wegen auf See. Nicht mal in der Kaffeeküche.

„Mit Seemannschaft, einer funktionierenden Crew und einem starken Schiff komme ich überall durch. Da muss man sich keine Sorgen machen.“

KAPITÄN JOHANNES HRITZ, BREMERHAVEN

VERTEIDIGER DER DEMOKRATIE

Die Geschichte der Seefahrt ist auch immer eine des Krieges gewesen, denn wer die Handelswege über die Ozeane kontrollierte, dessen Wirtschaft florierte und dessen Einfluss wuchs. In dieser Geschichte gibt es eine lange Liste schillernder Kapitäne und Kommandeure. Angefangen mit Themistokles, Admiral aus Athen, der im Jahre 480 die entscheidende Seeschlacht von Salamis nicht nur Athen gegen die Perser verteidigte.

Sondern auch die Demokratie.

Historiker fasziniert, dass es der Flotte von Themistokles gelang, gegen eine Übermacht zu bestehen, von der Chronisten jener Tage besagen, dass sie mindestens fünfmal so groß gewesen war. Und es gelang ihm auf eine Weise, die bis heute in der Marineakademie der amerikanischen Navy unterrichtet wird. Themistokles, der im Alter von 31 Jahren zum Archonten, dem höchsten Beamten Athens, gewählt worden war, war es vorher gelungen, seine Landsleute dank seiner rhetorischen Fähigkeiten vom Bau einer Seestreitmacht zu überzeugen. Als Argument nannte er Piraten, die Bewohner der nahen Insel Ägina bedrohten.

Doch Athen, das gerade erst sein demokratisches Experiment gestartet hatte, hatte dem Ansturm der Perser zunächst wenig entgegenzusetzen. Man wählte schließlich folgende Strategie: An Land stellten sich König Leonidas und 300 Spartaner dem Ansturm entgegen – was in der Neuzeit in einem krachenden Comic-Film aufgegriffen wurde –, während die Seeflotte in eine Meerenge nördlich von Athen segelte. Themistokles überredete die Einwohner der Stadt, ihre Häuser zu verlassen und in die dichten Wälder rundum zu flüchten. Die Gebäude könne man wieder aufbauen, aber dafür müsse man erst mal überleben.

Die persische Streitmacht brannte Athen nieder, während sich die Kriegsflotte vor der Meeresenge von Salamis versammelte. Es ist überliefert, dass Themistokles in der Nacht vor der Schlacht von Lagerfeuer zu Lagerfeuer ging, um die Männer einzuschwören. Sie waren deprimiert, weil sie in der Ferne sahen, wie ihr Hab und Gut in Flammen aufging und sie nicht wussten, wie es ihren Familien ging. Sie wussten auch, dass sie es mit einem Gegner zu tun hatten, der ihnen um ein Vielfaches überlegen war. Themistokles war das egal. Er forderte sie auf, für ihre Freiheit zu kämpfen.

So gelang es den freien Griechen, die Rudersklaven der Perser zu besiegen, denen die zahlenmäßige Überlegenheit in der Meeresenge wenig nutzte. Themistokles hatte die bessere Strategie – und vor allem Soldaten und Seeleute auf seiner Seite, die deutlich motivierter waren. Sie versenkten zehnmal so viele Schiffe, wie sie selbst verloren. Damit war das persische Heer an Land von der Versorgung abgeschnitten. Die Soldaten flohen.

Wenig später begannen die Einwohner Athens mit dem Wiederaufbau ihrer Stadt. Die junge Demokratie hatte gesiegt – nur Themistokles nicht. Als die militärische Gefahr gebannt war, rächten sich seine Gegner für einen Führungsstil, den sie als „arrogant" empfanden. Sie ließen ihn aus Athen verbannen und machten ihm in Abwesenheit den Prozess als Verräter. Er floh nach Persien, ausgerechnet, wo man ihn gerne aufnahm. Als er die persische Flotte gegen seine einstige Heimat führen sollte, so geht die Legende, nahm er sich das Leben.

Was sich mir aufdrängte, das sind die Parallelen zum Überfall der Russen auf die Ukraine. Auch hier wehrt sich eine junge Demokratie erfolgreich gegen eine Übermacht, auf eine Weise, die ihr viele Fachleute – und solche, die sich gut geföhnt auf den Stühlen der Talkshows dafür halten – nicht zugetraut hätten. Eine hoch motivierte, junge Nation kämpft gegen Invasoren, die lange sogar über die Ziele des Krieges getäuscht wurden, schlecht ausgerüstet und behandelt werden und dementsprechend mäßig motiviert sind. Selbst Themistokles' Gang ans Lagerfeuer spielt auf eine Weise eine Rolle, denn der ukrainische Präsident Wolodymyr Selenskyj nutzt die Möglichkeiten, die sich durch „virtuelle Lagerfeuer" in den sozialen Medien bieten. Er kommuniziert über Facebook, Instagram, Telegram und Co., er wirkt dadurch nahbar und informiert beinahe täglich durch Videos über den aktuellen Stand der Dinge. Er handelt wie ein Kapitän, der seiner Besatzung in einer extremen Sturmlage Mut macht.

WENN DIE WELLE KOMMT

In manchen Aussagen sind sich alle Kapitäne einig. Die Bedeutung des Zusammenhalts einer Crew auf See, besonders in einer Krisensituation oder Sturmlage, das ist so ein kleiner gemeinsamer Nenner. Spätestens wenn es um Leben oder Tod geht, kommt es auf das Funktionieren im Team an. An Land hangeln sich Führungskräfte eines Unternehmens gruppendynamisch durch irgendwelche Kletterparks oder laufen über glühende Kohlen. In der Realität hinter dem Horizont kommen gruppendynamische Erlebnisse ganz von alleine.

Was macht eine Crew überhaupt in einem schweren Sturm?

Die meisten Männer schlafen. Manche lesen, dösen in ihren Kojen oder sehen fern. In richtig schwerer See sind nur die Wachhabenden auf ihren Stationen auf Brücke und in der Maschine, in der Regel ist auch jemand in der Kombüse. Schweres Wetter beunruhigt eine Crew in der Regel nicht. Wer sich davor fürchtet, darf nicht zur See fahren. Unruhe gibt es daher keine an Bord. Jeder weiß, was kommt, wenn man zum Beispiel im Spätherbst vor Ost-Grönland arbeitet. Das ist Alltag.

Es war der 17. November 2002, 09:20 Bordzeit, Position 62°07'N 039°06'W, als eine Monsterwelle den Hochseetrawler von Kapitän von Staa aus Cuxhaven traf. Von Staa sah die Wand heranrollen, mehr als 25 Meter hoch, doch konnte nichts mehr tun. Die Scheibe aus Panzerglas, die mit langen Schrauben in den Stahl eingelassen war, flog durch den Druck des Wassers raus. Glück: Sie zersplitterte nicht, sonst hätte es von Staa zerfetzt. Noch mehr Glück: Sie verfehlte ihn und bohrte sich mit der Seite in die Brückenwand hinter ihm. Orkan mit 200 Stundenkilometern drückte den Kapitän in den Stuhl und nahm ihm den Atem. Seewasser auf der Brücke, wenig später Ausfall der Elektronik. Ob er an etwas dachte in diesem Moment, fragte ich von Staa. „In solchen Momenten übernimmt der Instinkt oder der Wille, überleben zu wollen“, sagte er.

Das Überleben sicherte auch eine erfahrene Crew.

In der Maschine hatte der Chief durch die Bewegung des Schiffes mitbekommen, dass etwas nicht stimmte. Nach dem schweren Seeschlag schaltete er die Brückenelektronik runter in die Maschine um. Was die Gefahr von Kurzschlüssen auf der Brücke begrenzte, vorerst zumindest. Der Erste Offizier (übrigens von Staas Sohn Sascha) und der Bestmann versuchten, die Tür zur Brücke zu öffnen, was wegen des Wassers einer enormen Kraftanstrengung bedurfte. Hoffnungen, ihren Captain noch lebend anzutreffen, hatten sie eigentlich keine.

Doch der Kapitän lebte – und nun galt es, die Probleme zu lösen. Eines nach dem anderen. Kein Fenster. Wassereinbruch. Ausfall der Elektrik. Lebensgefahr für alle an Bord.

Problem 1: Sie mussten das Schiff so schnell wie möglich aus dem frontalen Sturm und den Wellen herausbekommen. Also drehen. Denn die Gefahr, dass noch mehr Wasser in die offene Brücke eindrang, war zu groß. Ein zweiter Wassereinbruch dieser Dimension würde sicherlich das Ende bedeuten. Aber das Manöver, so viel stand fest, würde vier, vielleicht fünf Minuten dauern. Eine Zeitspanne, in der das Schiff quer zur See lag und dem Angriff der See schutzlos ausgeliefert war. Die Wellen würden auf die Decks hämmern und das Schiff womöglich durchkentern lassen.

Von Staa schrie die Kommandos durch den Lärm des Sturms seinem Sohn zu, der über ein batteriebetriebenes Nottelefon mit dem Maschinenraum kommunizierte. Er selbst bediente das Notruder.

Minuten vergingen, das Schiff drehte sich langsam in die See. Ein Manöver, in dem es um alles ging, entsprechend waren die Nerven aller Beteiligter strapaziert. Das Manöver gelang!

Problem 2: Das Loch im Brückenfenster. Wie bekommt man so etwas dicht, in einem Sturm mit konstanter Hurrikanstärke mitten auf dem Nordatlantik, wo das nächste Ersatzteil mehrere Tausend Seemeilen entfernt ist? Eine so große Ersatzscheibe ist nicht als Reserve an Bord. „Improvisieren ist alles, wenn man draußen auf See ist. Es waren wirklich fähige Handwerker an Bord", sagt von Staa. Sie flexten Aluminiumplatten aus dem Fischnetzwindenfahrstand heraus, die sie mit Winkeleisen in den Rahmen bohrten, wo mal die Panzerglasscheibe saß. Als Dichtungen verwendeten sie alte Lappen. Reparaturen in einem stark rollenden Schiff. Das Provisorium hielt.

Problem 3: So schnell und so sicher in den Hafen kommen. Bis Reykjavík waren es mehrere Hundert Seemeilen. Wie sollte es möglich sein, das angeschlagene Schiff so weit durch den Sturm zu bringen? Kapitän von Staa entwickelte einen Plan. Zunächst gelang es ihm, das richtige Tempo zu finden. Nicht zu langsam, um nicht von den von achtern kommenden Wellen überrollt zu werden. Nicht zu schnell, um nicht mit dem Bug in die See zu tauchen und erneuten Wellenschlag zu riskieren, der das Provisorium aus Aluplatte und Putzlappen gefährdete. So steuerte er in das Zentrum des Sturms und fuhr mit ihm Richtung Nordosten, nach Island. Dass er während der gesamten Zeit auf der Brücke Wache schob, im Wechsel mit seinem Sohn, um Ausguck zu halten und mit den Männern im Maschinenleitstand zu reden, erzählte er mir zunächst nicht. Weil es für ihn – und da haben wir es wieder – eine Selbstverständlichkeit ist. Zwischendurch fiel auch noch die manuelle Steuerung auf der Brücke aus, doch von Staa verbuchte nicht mal das als besonderes Problem. Sein Trawler erreichte schließlich Islands Hauptstadt, wo er in den Docks repariert wurde. Kein Seemann verlor das Leben. Angesichts der Ereignisse beinahe ein kleines Wunder, oder doch nicht? Eher ein Zusammenspiel aus seemännischem Können, rationalem Handeln, Improvisationskraft und dem Zusammenhalt der Crew. Hätten Kapitän und Mannschaft im Angesicht der zahlreichen Gefahren von Seeschlag bis Kurzschluss, von Kentern bis Feuer an Bord die Nerven verloren – sie hätten keine Chance gehabt.

„Es ist oft eben auch die Erfahrung, die einen rettet. Und ein wenig Glück", meinte von Staa.

Wieder klang es so lapidar.

SOLIDARITÄT AUF SEE

Seenotretter gehören für mich zu den wahren Helden unserer Zeit. Was gibt es Größeres, als für einen anderen Menschen, den man nicht kennt, alles zu riskieren? Wie selbstlos. Vor allem in einem Sturm. „Wir fahren raus, wenn andere reinkommen", ist ein Motto der Retter, von denen die meisten an unseren Küsten ehrenamtlich tätig sind. Handwerker, Büroangestellte, Juristen oder Leiter eines Finanzamtes. Die Idee, dass die Gemeinschaft das Rettungswesen trägt und die Gemeinschaft dieses Rettungswesen finanziert, ohne Steuergelder dafür zu benötigen, funktioniert in Deutschland seit mehr als 150 Jahren und in England bereit seit 1824.

Einst ruderten die Männer in offenen Booten hinaus in die Brandung, nur geschützt von primitiven Westen aus Kork. Heute ist die Ausrüstung modern, und ihre Seenotrettungskreuzer gelten als unsinkbar. Dennoch birgt die Aufgabe in stürmischer See enorme Gefahren.

Wie in der Nacht auf den 2. Januar 1992.

In schwerem Sturm waren mehrere Schiffe, darunter ein Frachter, vor der Küste Frieslands in Not geraten. Mehrere Seenotrettungskreuzer liefen aus, darunter auch die Alfried Krupp. Starke Grundseen erfassten den Rettungskreuzer, mit schrecklichen Folgen: Zwei Seenotretter wurden kurz hintereinander von den Wellen, die das Schiff durchkentern ließen, fortgerissen.

Die Besatzungen verschiedener Rettungskreuzer, Einheiten der Marine, von Bundesgrenzschutz und Zoll suchten mit wachsender Verzweiflung nach ihnen. In der Geschichte gibt es eine Stelle, an der ich stets schlucken muss. Auch die Fischer des Heimatdorfes Neuharlingersiel, aus dem einer der Seenotretter stammte, liefen mit ihren Kuttern hinaus in den Sturm, um zu helfen.

Auf See hält man zusammen, egal, was auch geschieht. Auf See gilt der Kodex, für einen anderen einzustehen, was sicherlich auch am Gedanken liegt, dass man selbst in die Lage geraten könnte, auf andere angewiesen zu sein. Ich habe so einige Geschichten aufschreiben dürfen von Kapitänen, die heldenhaft handelten, ohne überhaupt darüber nachzudenken. Ich habe mich gefragt, wieso es diesen Geist nicht zumindest in Ansätzen an Land gibt. Ein anderer Mensch in Not? Erst mal schnell helfen, dann schauen, wie es weitergeht. Das ist doch eigentlich ganz naheliegend oder sollte es vielmehr sein.

Was hält uns davon ab, „Ertrinkenden" zu helfen? Oft sehen wir sie doch im Alltag. In der Nachbarschaft, im Dorf, manchmal im Verein. Menschen, die Probleme haben und denen manchmal nur eine kleine Geste hilft. Obdachlose, die sich nicht nur über einen Euro, sondern auch ein Lächeln und einen kleinen Plausch freuen. Bekannte, die es gerade schwer haben und denen vielleicht schon der Gedanke hilft, dass man an sie denkt. Die See bietet so viele Beispiele für selbstlose, bedingungslose Unterstützung. Ich habe mich über jede einzelne gefreut.

Eine Geschichte erzählte mir der Hamburger Kapitän Peter Steffens. Er war auf seinem Tanker mit dem dritten Sturm in Folge beschäftigt, als er in der Biskaya ein Mayday empfing. Kurz zuvor hatte er das Motorschiff noch durch sein Fernglas gesehen, nun meldete der andere Kapitän starke Schlagseite. Er musste das Schiff aufgeben. Was er mit Angst in der Stimme über Funk sagte, löste beim Hamburger noch viele Jahre später eine Gänsehaut aus:

„Please, pick me up, Sir."

„Okay, wir gabeln euch auf. Keine Sorge", antwortete Steffens.

Zu diesem Zeitpunkt hatte er keine Ahnung, wie er das anstellen sollte. Zu schwer kämpfte er selbst mit den Brechern, die wie mächtige Fäuste auf sein kleines Schiff einprügelten. Er ließ die Deckbesatzung wecken, Bootsleitern über Bord hängen und Rettungsringe klarmachen. Mit halber Kraft steuerte er die Position an, die sein Kollege durchgegeben hatte, mehr war nicht drin, ohne das eigene Schiff zu gefährden. Ich bin sicher, dass mancher in einer solchen Lage gar keinen Rettungsversuch unternommen hätte. Zwei wesentlich größere Schiffe in der Umgebung hatten das Mayday auch ignoriert.

Die Crew des dänischen Motorschiffs stieg in ein aufblasbares Rettungsfloß, das der Sturm schnell forttrieb. Die Rettungsaktion erwies sich als äußerst kompliziert, wobei sich Steffens sogar zu einem Rückwärtsmanöver entschied. Das war unkonventionell, aber erfolgreich, denn es gelang der Crew, eine Leinenverbindung mit dem Floss herzustellen und es an die Bordwand zu ziehen. Acht Meter schnellte es dabei im Schwell in die Höhe und fiel acht Meter in die Tiefe. Nach und nach gelang es aber, die Schiffbrüchigen einzeln in Sicherheit zu ziehen. Niemand ertrank. Niemand war verletzt. Nur der Maschinist schien unter Schock zu stehen, denn er brachte keine zusammenhängenden Sätze mehr heraus.

Gemeinsam mit dem dänischen Kapitän, der Hansen hieß und auch wie ein echter Däne namens Hansen aussah, nämlich groß und blond, beobachtete Steffens wenig später, wie das Motorschiff sank. Hansen standen Tränen in den Augen. Für einen Seemann ist ein Schiff mehr als ein Fortbewegungsmittel, es ist ein Zuhause. Man habe daher erst mal ein Bier aufgemacht. Nur ein Witzbold aus der Crew besserte die Stimmung ein wenig auf, indem er sich immer wieder über die versunkene Pornosammlung beklagte.

Von den Seenotrettern gab es für die Rettungsaktion eine silberne Medaille, der Hamburger Senator für Wirtschaft schickte einen Brief, und die Zeitung mit den großen Schlagzeilen widmete der Aktion eine, ja: große Schlagzeile.

Nur von den Dänen habe er nie wieder etwas gehört, sagte Steffens.

Einer der alten Kapitäne, die mir besonders in Erinnerung blieben, ist Wolfgang Scharrnbeck, Seemann der traditionsreichen Reederei Hapag-Lloyd. Als wir uns kennenlernten, war er schon ein betagter Herr, fast 90 Jahre alt, weißes Haar, ein Mann, der unglaubliche Ruhe und Güte ausstrahlte. 1920 war er in Brandenburg an der Havel geboren und mit 17 Jahren zu seiner ersten Reise als Schiffsjunge aufgebrochen.

Im Zweiten Weltkrieg durchbrach er auf dem Frachter „Münsterland" die Seeblockade der Alliierten und fuhr von Japan nach Bordeaux. Er überstand als junger Kadett auf dem „Schulschiff Deutschland" einen schweren Hurrikan. Wenn er über diese Dinge sprach, dann so unaufgeregt, als handele es sich um einen Spaziergang im Hamburger Park „Planten und Blomen".

Jede Reise als Seemann trug Scharrnbeck in eine braune Kladde ein. Er notierte den Namen des Schiffes, den Startpunkt der Reise, den Zielhafen und die Seemeilen dazwischen. Immer mit schwarzem Kugelschreiber auf liniertem Papier. Ein Seemannsleben mit fast vierzig Jahren auf den Ozeanen, eng beschrieben in einer Kladde: 31 Reisen nach Australien. 22 Passagen vorbei an der Freiheitsstatue von New York City. 78 Umrundungen der Welt. Insgesamt 1.691.854 Seemeilen.

Was nicht in dieser Kladde stand, waren die Entbehrungen, die Scharrnbeck in dieser Zeit erlitt. Scharrnbeck sprach mit mir auch über die Einsamkeit, die er an Bord empfand. Er vertrat die Ansicht, dass sich ein Kapitän niemals mit seiner Crew gemein machen dürfe. Der einsame Wolf, der einsam über die Meere fährt – es stimmt eben in manchen Fällen doch. „Ein Kapitän ist ein Kapitän. Er darf sich nicht mit der Mannschaft verbrüdern", fand er, und drückte aus, was zu jener Zeit die meisten Seeleute empfanden. Mancher sei nicht so gut damit klargekommen und habe Trost im Alkohol gesucht. Er selber habe viele Stunden in seiner Kabine gehockt, Tonbänder gehört und an seine Familie gedacht, berichtete Scharrnbeck.

Besonders hart wurde das Problem der Einsamkeit während des größten Tests seiner Laufbahn. Nicht in einem Sturm, nicht im Kampf gegen eine Welle oder gegen Piraten. Sondern auf dem Großen Bittersee, der Passierstelle im Suezkanal. Scharrnbeck hatte die Weisung erhalten, einen Kollegen auf der „Münsterland" abzulösen. Der Frachter war in den Sechstagekrieg zwischen Ägypten und Israel geraten und saß fest, weil die Militärs den Wasserweg versperrten. Für insgesamt 14 Schiffe, darunter Frachter aus Polen, England, Skandinavien und Bulgarien, ging es nicht weiter.

„Die Eigenschaft, sich selbst
und das eigene Befinden nicht
zu wichtig zu nehmen, zeichnet
viele alte Kapitäne aus.“

Nachts hörten die Seeleute das Feuer von Maschinengewehren und die Einschläge von Granaten. Immer wieder flogen Kampfjets tief über die Masten. Ansonsten aber herrschte eine große Langeweile – und es lag an den Kapitänen, dafür zu sorgen, dass die Stimmung an Bord der Schiffe nicht in Richtung Verzweiflung kippte.

Die Crews begannen, Skatturniere auszutragen und Regatten in Rettungsbooten zu segeln. An Deck gab es eine inoffizielle Fußball-Weltmeisterschaft. Stundenlang spielten die Crews *„Mensch ärger dich nicht"* und trafen sich abwechselnd an Bord eines Schiffes zum BBQ. Mehrere große Männerpensionen zur See, aus unterschiedlichen Ländern, sogar politischen Systemen, mitten in einem Kriegsgebiet. Der vielleicht beste Beleg, wie Solidarität auf den Wellen funktionieren kann. Eine Zweckgemeinschaft auf Zeit, keine Frage. Aber eine, die auf gegenseitigem Respekt gründete.

Crews funktionieren wie Familien, deren Ersatz sie für lange Monate sein müssen, und besonders schwierig wird es für die Seeleute dann, wenn sie ihre Angehörigen daheim vermissen. Die härteste Zeit im Jahr ist daher Weihnachten. „Vor diesen Tagen fürchtet sich jeder Seemann", sagte mir Kapitän Schwandt. Er löste in seinen jungen Matrosenjahren, Mitte der Sechziger, das Problem während eines Landgangs in der Karibik, indem er mit anderen Matrosen den Kirchturm von Puerto Cortes suchte. Aber nicht, um einige Stunden der Besinnung zu verbringen: Nach Erfahrung der Seeleute befanden sich zu jener Zeit rund um die Gotteshäuser die ältesten Viertel, in denen das Rotlicht schimmerte. In den Straßen und Gassen feierten die Bewohner einen Jahrmarkt mit Musik, doch als es später wurde, verschwanden alle in ihren Häusern. Die Matrosen waren erst irritiert, entdeckten dann aber das einzige Freudenhaus, das geöffnet hatte. Im Puff herrschte auch nicht die beste Stimmung: Weihnachts-Blues.

„Sekt und Wein besserten die Lage aber rasch", berichtet Kapitän Schwandt. „Es wurde jedenfalls die intimste Weihnachtsfeier, an die ich mich erinnern kann." Ein Fest käuflicher Liebe, doch das ist lange her.

Melancholie gehört für die Seeleute auf den Ozeanen zum Fest wie der Baum für Landbewohner. An Bord der meisten Schiffe läuft der Schiffskoch zur Hochform auf und bereitet ein Festessen zu. Selbst Reedereien, die im Ruf stehen, besonders geizig zu sein, geben sich an diesem Abend spendabel. In den schwimmenden Männer-WGs aber ist man gemeinsam einsam. Heute mag es theoretisch WhatsApp und die sozialen Netzwerke geben, doch praktisch ist das Bordinternet auf den meisten Schiffen nur für die Offiziere erschwinglich. Für einfache Matrosen und Maschinisten bietet oft nur das kostenlose WLAN einer Seemannsmission die Möglichkeit, mit den Familien daheim Kontakt aufzunehmen. Zu Zeiten von Kapitän Schwandt suchten die Matrosen einen Puff. Heute heißen die Matrosen „Able seaman" (AB) und suchen kostenloses WLAN, um mit der Liebe daheim zumindest kurz Kontakt aufnehmen zu können.

Konkakt zur Heimat stellte früher „Norddeich Radio" her, eine Seefunkstelle, die es auf den Wellen rauschen und knistern ließ. „Alle deutschen Seeleute warteten an Heiligabend auf die Sendung ‚Gruß an Bord' des NDR", berichtet Kapitän Schwandt. Die komplette Crew versammelte sich in der Bude des Funkers, um die vorgelesenen Grüße aus der Heimat zu hören. Auch wenn es oft nicht mehr als ein Krächzen auf Mittelwelle war. „Wir hörten wenig und glaubten doch, jedes Wort zu verstehen." Die Sendung, erstmals 1953 ausgestrahlt, gilt bis heute als Institution.

Charly Behrensen, der alte Fischer aus Cuxhaven, verbrachte insgesamt 22 Weihnachten auf See. An sein erstes erinnerte er sich noch genau, das war 1955. Er saß an Deck des Trawlers „Bayern" und knüpfte am 24. Dezember mit kalten Fingern bis Mitternacht Netze, wie er mir erzählte. Wochenlang dauerte die Fangreise im Ärmelkanal bereits, es ging auf Hering. Weil die Kühlräume noch immer nicht gefüllt waren, dachte niemand daran, einen Hafen anzulaufen. Am Heiligen Abend lag das kleine Fangschiff vor der Steilküste von Dover. In der Ferne sah der junge Fischer Charly die Lichter der Stadt und dachte an zu Hause, an seine Mutter, den Tannenbaum und das Suppenhuhn, das gehörte zur Familientradition in Cuxhaven.

Kein Wunder, dass es den Fischern lieber war, wenn geschuftet werden musste. „Vielleicht zwei Stunden hatten wir, in denen wir aßen und uns Weihnachtsgrüße vorlasen", erzählte Charly. „Dann ging es wieder raus an die Netze." Die deutschen Hochseetrawler steuerten damals Grönland an, Island und die Küsten Norwegens. Manchmal war es so kalt, dass die Nasen der Fischer zu bluten begannen – und das fällt nicht in die Kategorie „Seemannsgarn", für die Charly bekannt war. Gefrierende Gischt, „schwarzer Frost" genannt, türmte sich auf den Decks meterhoch, und musste mühsam mit Hämmern abgeschlagen werden. Das tonnenschwere Eis bedeutete eine Gefahr für die Stabilität der Trawler, die zu kentern drohten, und musste so rasch wie möglich beseitigt werden.

„Die ruhigsten Feste erlebten wir, wenn ein Orkan wütete", meinte Charly, „dann konnten wir nicht fischen." Er sagte das aber ganz wertfrei. Der schlimmste Gedanke für den alten Fischer war es, wenn man den Eindruck haben könnte, er jammere. Jammern ging gar nicht, und ich erinnere auch, dass er von der Schattenseite erzählte. Wer zu melancholisch wurde oder sich gar weigerte, über die Weihnachtszeit mit rauszufahren und zu arbeiten, der wurde von den anderen Fischern aufgezogen, gnadenlos. Der galt als „Memme" und rutschte in jener Hierarchie einer Crew, die ohne Titel und Berufsbezeichnung festgelegt wird, gleich einige Stufen nach unten. Früher fand man das vielleicht männlich.

Heute ist es nur noch toxisch.

Mehrere Kapitäne haben mir Geschichten erzählt, die von Selbstlosigkeit auf See handeln. Sie handeln von Helden – und einer hieß sogar so: Held, Vorname Niels. Der Seemann von der nordfriesischen Insel Föhr holte im Alleingang 32 Crewmitglieder eines griechischen Frachters von den Klippen der Azoreninsel Flores. Ihr Schiff war frontal auf die Steilküste gelaufen und drohte auseinanderzubrechen. Die Wellen zerschlugen den Rumpf, und es war nur eine Frage der Zeit, wann die Schiffbrüchigen von den Brechern erschlagen wurden oder ertranken. Held, der schon als Kind aufs Meer hinausgefahren war, beobachtete von einem Rettungsboot die See. Als er einen Rhythmus im Gewirr der Wellen erkannte, fuhr er hinein in die Brandungszone. Weil es schnell gehen musste, konnte er jeweils nur einen Gestrandeten abbergen. Er fuhr also wieder und wieder hinein, bis alle Männer in Sicherheit waren. Von der Deutschen Gesellschaft zur Rettung Schiffbrüchiger gab es dafür die goldene Medaille am Bande, die höchste Auszeichnung, die die Seenotretter zu vergeben haben. Von den Griechen hingegen habe er nie wieder etwas gehört, wie auch manche Umstände der Havarie im Nachhinein seltsam erschienen. Der Kapitän des Havaristen führte eine Aktentasche mit sich, in der bündelweise Geldscheine steckten.

„Ich hege keinen Groll", sagte mir Held. „Auf See ist es selbstverständlich, dass man hilft."

Wieder dieses kleine Wort mit der großen Wirkung: selbstverständlich. Über den Sinn und die Risiken seiner Aktion hatte Held nicht mal nachgedacht. Helfen als eine Art natürlicher Impuls. Als Automatismus, der einsetzt, sobald andere in Gefahr sind. Wo gibt es das, außer unter Berufsseeleuten?

In einem anderen Fall berührte mich Mitgefühl an Land. Gottfried Hilgerdenaar, ein Kapitän aus Bremerhaven, erzählte mir vom Stolz der Docker in London. In den Fünfzigerjahren fuhr er als junger Offizier mit einem Frachter aus Bremen immer wieder mit Stückgut in die englische Hauptstadt. Alles war dabei, von Blumen über Autos bis zum Rennpferd. Damals befanden sich die Hafenanlagen noch mitten in der Stadt, in Millwall und auf der Isle of Dogs. Je größer die Schiffe wurden, desto weiter entfernten sie sich von der City. Am Beispiel Londons, einst größter Hafen der Welt, lässt sich die Entwicklung der Seefahrt ablesen. Heute sind die Docklands ein begehrtes Wohngebiet und die Canary Wharf ein internationales Finanzzentrum.

Zwei Generationen sind diese Veränderungen her, doch wie aus einer komplett anderen Zeit erscheint, wie groß der Einfluss der Gewerkschaften damals war. Ein Streit um einen einzigen Hafenarbeiter, der sich ungerecht behandelt fühlte, genügte, um erst den Kai, dann die benachbarten Becken und schließlich den gesamten Hafen lahmzulegen. Die Streiks konnten sich Wochen in die Länge ziehen, und während dieser Zeit hatten alle Arbeiten zu ruhen – die Gewerkschaften kontrollierten auch dies. Für die Seeleute war das besonders amüsant, wenn ein alter Pub wie der „Prospect of Whity" in Laufweite lag. Der alte Seemann Hilgerdenaar schwärmte jedenfalls von einer Epoche der Seefahrt ohne Hektik, ohne Eile, ohne jeden Stress. „Vor allem spürte ich eine menschliche Wärme, die ich später nie mehr erlebt habe", sagte er.

Der Kapitän des kleinen Frachters, ein freundlicher, allseits beliebter Familienvater, war plötzlich an einem Herzinfarkt verstorben. Als die Docker in London von der Tragödie hörten, erkundigten sie sich bei Hilgerdenaar: „Was passiert denn mit den beiden Jungen?" Als das Schiff auf der nächsten Reise festmachte, wartete eine Abordnung der Hafenarbeiter mit einem Karton an der Pier. Sie hatten Geld gesammelt – und den Kindern Geschenke gekauft.

Nicht immer ist es leicht, dem eigenen, wie soll ich es nennen: moralischen Kompass zu folgen. Besonders in Krisenzeiten neigen Menschen dazu, der eigenen Bequemlichkeit zu folgen oder dem, was sie für opportun halten. In der Coronazeit lernte manch einer seine Freunde und Bekannten intensiver kennen, und dies nicht immer auf eine angenehme Art. Wer konnte damit rechnen, Coronaleugner im

Kapitän Gottfried Hilgerdenaar in den Docks von London, ca. 1953.

eigenen Umfeld zu haben? Auch das Ansehen von Schauspielern wie Jan-Josef Liefers oder Til Schweiger und der Sängerin Nena leidet unter Long-Covid. Wer in einer Phase, in der mit Prominenz auch Verantwortung einhergeht, durch Leugnen von Wissenschaft, pubertäre Bockigkeit und Arroganz auffällt, hat sich das redlich verdient. Für Kapitän Schwandt kann man manches Verhalten auf die simple Frage herunterbrechen. „Wer möchte man sein: Arschloch oder Hanseat?“ Wobei Letzteres für ihn bedeutet, einer heiklen Situation mit norddeutscher Gelassenheit zu begegnen.

96
FOWLER

CAPTAIN PHILLIPS

In einer Geschichte kommt alles zusammen, was einen Kapitän in einer Ausnahmesituation auszeichnet. Mut, Ruhe, Besonnenheit und Selbstlosigkeit. Damit wurde er zum Helden eines Landes, zu einer Figur für Hollywood – und vor allem zum Retter seiner Crew.
7. April 2009, Horn von Afrika, vor der Küste von Somalia.

Die „Maersk Alabama" – beladen mit Nahrungsmitteln für das Welternährungsprogramm der Vereinten Nationen – kam aus Salalala im Oman und befand sich auf dem Weg nach Kenia. Das Seegebiet vor der Küste von Somalia war zu jener Zeit berüchtigt für Überfälle von Piraten. Nach einem halben Dutzend Angriffen innerhalb weniger Tage war auf der Brücke eine Empfehlung eingetroffen, den Kurs zu ändern und mindestens sechshundert Seemeilen Abstand zur Küste zu halten.

Die „Maersk Alabama" lief auf unverändertem Kurs, als Punkte auf dem Radarschirm auftauchten. Die Piraten näherten sich mit drei schnellen Booten, Skiffs genannt. Sie forderten über Funk: „Stoppt das Schiff. Stoppt das Schiff. Hier sind somalische Piraten." Psychologische Kriegsführung auf See. Die „Maersk Alabama" aber lief natürlich weiter mit voller Fahrt, achtzehn Knoten, und die raue See erwies sich als Vorteil für das große Schiff. Bis auf eine Seemeile kamen die Piraten auf, aber nicht näher, und gaben die Verfolgung schließlich auf.

„Nach dem heutigen Vorfall brauchen wir nicht zu sagen, wo wir sind und was erforderlich ist: frühzeitige Beobachtung und Benachrichtigung. Wir befinden uns im Gebiet der Apachen, keine Kavallerie in Sicht. Passen Sie gut auf. Rufen Sie mich an, wenn Sie Zweifel haben oder wenn nötig", schrieb Kapitän Richard Phillips im seiner Abendanweisung an die Wache.

Am Morgen des 8. April „pingte" es erneut auf dem Radar: Punkte, die rasch näher kamen. Position der Maersk Alabama: 240 Seemeilen vor Somalia. Kapitän Phillips befolgte das Protokoll für einen solchen Angriffsfall. Er warnte seine Crew mit dem Alarm – lang, lang,

lang, kurz. Er ließ Leuchtraketen abschießen, um andere Schiffe und Militärflugzeuge auf die Situation aufmerksam zu machen. Der Erste Offizier feuerte mit der Leuchtspurmunition auf eines der Skiffs; nicht mit der Hoffnung, damit wirklich etwas zu bewirken, sondern auch, um den Piraten eine Botschaft zu schicken: Wir werden es euch nicht einfach machen. Mit Hochdruck aus Wasserkanonen auf der Verschanzung sollten die Seeräuber abgehalten werden. Doch die Abwehrmaßnahme zeigte keinen Erfolg. Die Piraten enterten den 155 Meter langen Frachter über eine Wurfleiter. Sie stürmten die Brücke. Vier junge Männer, fast noch Kinder, zwischen 15 und 18 Jahre alt, in schmutzigen T-Shirts, bewaffnet mit Schnellfeuergewehren Typ AK-47. Ihr Anführer war Aduwali Muse, Jahrgang 1990, dem zwei Schneidezähne fehlten.

Kapitän Phillips wartete auf sie, er blieb ganz ruhig. An Bord der „Maersk Alabama" gab es keine Waffen, eine Firmenvorschrift, um die Versicherungsbeiträge nicht in die Höhe zu treiben. „Was du in einer solchen Situation in den ersten fünf Minuten machst, entscheidet, wie die Sache ausgeht", sagte er hinterher.

Phillips, Jahrgang 1955, stammt aus dem Bundesstaat Vermont, und verbrachte sein gesamtes Berufsleben nach Abschluss der Marine-Akademie in Boston auf See. Fotos zeigen einen freundlichen Mann mit Brille und ergrautem Kinnbart. Er leistete keinen Widerstand, anders als seine Crew, die unter Deck geflohen war. Die Männer legte das Ruder hart um, worauf das Skiff der Piraten volllief und sank. Während zwei Piraten Phillips auf der Brücke bewachten, machten sich die anderen auf die Suche nach dem Rest der Mannschaft. Die Crew hatte alle Systeme heruntergefahren und das Schiff gestoppt. Im dunklen Maschinenraum kam es zu einer Jagd. Dem mit einem Messer bewaffneten Ersten Ingenieur Mike Perry gelang es, Muse in seine Gewalt zu bringen. Der Pirat verletzte sich beim Kampf schwer an der Hand.

Der Rest der Crew, insgesamt 14 Seeleute, hatte sich in einem Schutzraum verschanzt. Enorme Hitze von mehr als 50 Grad setzte den Eingeschlossenen zu. Man bot den Piraten also einen Austausch der Gefangenen an – Muse gegen den Kapitän –, was aber scheiterte, weil die Piraten ihren Teil der Vereinbarung nicht einhielten. Die Nerven lagen nun frei. Die Piraten hatten die Kontrolle und ihre Fluchtmöglichkeit verloren – aber dennoch drei Kalaschnikows als Argumente.

Um die Situation zu deeskalieren, führte Phillips seine Entführer zu einem der Rettungsboote und schlug ihnen vor, mit dem Bargeldbestand an Bord, immerhin knapp 30.000 Dollar, zu verschwinden. Als sie ablehnten, bot er sich selbst als Geisel an, um seine Crew vor weiterer Gefahr zu schützen. Die Piraten stießen ihn ins Boot. Sie wollten nun versuchen, die mehrere Hundert Seemeilen entfernte Küste Somalias zu erreichen und ein hohes Lösegeld auszuhandeln.

Für den Kapitän begann ein tagelanges Martyrium, das vom späten Mittwochabend bis zum Sonntagmittag dauern sollte. Die Hitze an Bord des geschlossenen Rettungsbootes ohne Klimaanlage und Sanitäreinrichtungen: unerträglich. Die Piraten verweigerten Phillips Wasser. Die fesselten ihn so heftig, dass er durch die Verletzungen Narben davontrug. Und sie quälten ihn immer wieder, indem sie ihn zum Schein hinrichteten: „Klick-Klick-Klick“, dieses Geräusch des Abzugs wird der Kapitän niemals vergessen. Phillips berichtete hinterher, dass er mit seinem Leben abgeschlossen hatte. Er dachte an seine Frau Andrea und seine Töchter daheim. Dass er den Satz „Es war ein großartiges Leben“ auf einen Zettel kritzelte, ist allerdings eine Übertreibung. Hollywood hat das Drama später in einem Blockbuster mit Tom Hanks in der Hauptrolle verarbeitet.

Drei amerikanische Kriegsschiffe waren derweil im Einsatzgebiet eingetroffen, hielten sich aber zurück, um das Leben des Kapitäns in der unübersichtlichen Lage nicht zu gefährden. Sie verhinderten, dass die Piraten mit vier anderen gekaperten Frachtern zur Unterstützung kamen. Der Anführer des Kommandos, Aduwali Muse, war zur Behandlung seiner Handverletzung und als Vermittler in den Verhandlungen an Bord des Zerstörers „USS Bainbridge“ gebracht worden. Die Gespräche mit Clanchefs in Somalia scheiterten ebenso wie ein Fluchtversuch Phillips’, der zum Kriegsschiff hinüberschwimmen wollte.

Am frühen Samstagmorgen feuerte einer der Entführer auf das Kriegsschiff „Halyburton", ohne jemanden zu verletzen oder anderen Schaden anzurichten. „Wir werden uns verteidigen", sagte einer der Piraten der Nachrichtenagentur Reuters über ein Satellitentelefon. Die Welt verfolgte das Drama vor dem Horn von Afrika – auch die Familie von Captain Phillips daheim in ihrem Farmhaus in Vermont.

Am Sonntag, den 12. April, hielten die Piraten wieder den Lauf einer AK-47 gegen den Rücken von Phillips. Eine akut lebensbedrohliche Lage. Scharfschützen der Spezialeinheit Navy Seals, die am Tag zuvor mit Fallschirmen im Einsatzgebiet abgesprungen waren, töteten drei Piraten zeitgleich mit Kopfschüssen – auf direkten Befehl von US-Präsident Barack Obama. Es soll dasselbe Navy Seals Team gewesen sein, das später auch al-Qaida-Anführer Osama bin Laden ausschaltete. Ein Gericht in New York verurteilte Aduwali Muse zu einer Haftstrafe von 33 Jahren und neun Monaten. Er wird frühestens im Juni 2038 auf freien Fuß kommen.

US-Präsident Obama empfing Kapitän Phillips im Weißen Haus. „Ich teile die Bewunderung des ganzen Landes für die Tapferkeit des Kapitäns und seine selbstlose Sorge für seine Crew", erklärte Obama. Der Mut des Seemanns sei ein „Vorbild für alle Amerikaner".

Ein Held? So sah sich Phillips nicht. Diese Rolle gebühre den Navy Seals, wiegelte er ab. In Interviews gab er an, manchmal weinend aufzuwachen, doch um eine posttraumatische Erfahrung handele es sich nicht, lediglich um „Hormone". Ein Jahr blieb Phillips daheim bei seiner Familie in Vermont, dann zog es ihn wieder auf die See.

In seinem Buch "A Captain's Duty" (deutsch: „Die Pflicht des Kapitäns") schreibt er: „Ich habe nur meinen Job gemacht."

„Wer lange Zeit auf dem Meer unterwegs ist, der weiß die eigene Rolle einzuordnen."

Kapitäne kommen immer wieder in Situationen, in denen es wichtig ist, an eigenen Werten festzuhalten. Martin Kull, Jahrgang 1941, war verantwortlich auf der Brücke des Forschungsschiffs „Sonne", das den Boden des Südchinesischen Meeres untersuchte, im Rahmen einer chinesischen Mission. Die Geschichte spielt im Jahr 1988, als Hunderttausende Menschen versuchten, in kaum seetauglichen Booten dem kommunistischen Regime in Vietnam zu entkommen. Schwüle Hitze lag über der See, als ein Fischerboot in Sicht kam. Kull erkannte durch sein Fernglas, dass es völlig überladen war und Menschen winkten. Er musste vorsichtig sein, weil im Seegebiet auch Piraten ihr Unwesen trieben, doch ihm wurde schnell klar, dass es sich um einen Notfall handelte. Also änderte er den Kurs.

Wenige Minuten später erschienen die chinesischen Wissenschaftler auf der Brücke, um dagegen zu protestieren. Auch der Fahrleiter der Expedition beschwerte sich bei Kull und mahnte mögliche Verzögerungen an. Ginge es nach ihnen, dann sollte die „Sonne" einfach weiterfahren. Auch wenn jemand auf See verdurstete, verhungerte, ertrank oder kriminellen Menschenhändlern in die Hände fiel? Der nächste Hafen, Manila, war mehr als 400 Seemeilen entfernt.

Kull war außer sich und warf die empathiebefreiten Geologen von seiner Brücke. „Schluss jetzt!" Seine Seemannschaft, Menschenliebe und Vermittlungsgeschick mit den Behörden retteten schließlich 35 Frauen, 70 Kindern und 54 Männern das Leben. Viele von ihnen kamen nach Deutschland. Mit einem Geretteten ist Kull heute noch befreundet; er predigt als Pastor einer Gemeinde im Raum Stuttgart und hat zwei erwachsene Töchter.

Vor Entscheidungen wie Kull stehen Kapitäne heute auf dem Mittelmeer, einer der wichtigsten und tödlichsten Fluchtrouten der Welt. Tausende sterben und verschwinden jährlich auf dem Weg nach Europa. Das Flüchtlingshilfswerk der Vereinten Nationen (UNHRC) geht davon aus, dass 2021 mehr als 3100 Menschen starben. Wie viele es wirklich waren? Die Zahl kann nur geschätzt werden. Häufig finden Rettungsteams der Hilfsorganisationen wie Sea-Eye und Sea-Watch leere Schlauchboote vor. Niemand weiß, wie viele Menschen auf dem Weg nach Europa wirklich ihr Leben verlieren.

Manche Reedereien weisen Schiffe an, Gebiete, in denen viele Boote unterwegs sind, zu umfahren. Sie wollen sich Ärger ersparen. Nicht wenige Seeleute erlebten extrem belastende Situationen. Ich weiß aus Gesprächen mit Seemannspastoren in Hamburg und Bremerhaven von traumatisierten Crewmitgliedern, die zuschauen mussten, als es Geflüchtete nicht schafften, an ausgeworfenen Netzen die Bordwand hochzuklettern. Eine Rettung mit einem großen Frachtschiff ist schwierig. Oft sind die Geflüchteten nach Tagen auf See dehydriert und entkräftet. Sie fielen in die See und ertranken vor den Augen der entsetzten Crews.

Was sich auf dem Mittelmeer abspielt, ist eine Schande für den humanistischen Gedanken Europas – und dies scheint so gewollt. Anders ist das Verhalten von Behörden in Italien, besonders aber von Malta nicht zu erklären. Sie lassen Gerettete und Retter regelrecht im Stich. In manchen Fällen dauerte es tage-, manchmal sogar wochenlang, bis den Hilfsorganisationen ein sicherer Hafen zugewiesen wird. Die erschöpften Geflüchteten, unter ihnen Frauen und Kinder, müssen tagelang unter primitiven Bedingungen ausharren, weil ihr Schiff keinen Hafen anlaufen kann.

Erschreckend ist der Fall des kleinen Containerfrachters „Marina" der Reederei Klingenberg aus Ellerbek bei Hamburg. Das Schiff befand sich im Mai 2020 auf dem Weg von Tunesien nach Malta, als die maltesische Seenotleitstelle das Schiff alarmierte: Flüchtlingsboot in Seenot, überladen mit 79 Menschen, man gab die ungefähren Koordinaten durch und wies die „Marina" an, zu helfen. Gerade noch rechtzeitig traf die Rettung ein. Der Kapitän, laut Seerecht ohnehin zur Rettung verpflichtet, handelte also auf direkte Anweisung der Behörden.

Doch dann verweigerte Malta dem Schiff die Einreise, mit Verweis auf Corona und entsprechende Pandemievorschriften. Anschließend

antworteten die Behörden nicht mal mehr auf Rückfragen – und auch in Italien meldete sich niemand. Keine Hilfe, nicht mal Funkkontakt. Das Schiff trieb weiter vor der Insel Lampedusa. Was blieb dem Kapitän anderes übrig, als eine Anweisung abzuwarten, wohin er die Geflüchteten bringen konnte? Tag um Tag verging. Die Menschen schliefen unter freiem Himmel an Deck. Auf 79 unfreiwillige Passagiere war das Frachtschiff nicht vorbereitet. Die Vorräte gingen zur Neige. Wasser, Reis und Brot mussten schließlich rationiert werden, und die Verzweiflung aller Beteiligten wuchs mit jeder Stunde. Wie der Inhaber der kleinen Reederei berichtete, verhielten sich die Flüchtlinge zunehmend aggressiv. Aus Furcht vor einer drohenden Meuterei verschanzte sich die Crew in den Aufbauten.

„Wenn nicht bald etwas passiert, sterben Menschen an Bord“, sagte mir Thies Klingenberg, der Reeder, am Telefon. Er klang ernstlich besorgt.

Ich fragte mich, was sich in diesen Tagen wohl auf dem Schiff abspielte? Welche Ängste 13 Seeleute nach ihrer Rettungsaktion ausstanden, und wie es für die Geretteten sein mochte, nach den Torturen der Flucht auf kaltem Schiffsstahl zu schlafen?

Was auf dem Mittelmeer passiert, das ist seit Monaten, ach was, seit Jahren zynisch. Mit dem Drama an Bord der „Marina“ war eine neue Stufe erreicht: Wie konnte man Menschen in einer Notlage nur so im Stich lassen? Die Geretteten, aber eben auch die Seeleute und die Reederei. Die Behörden nahmen es in Kauf, dass sich die Geflüchteten etwas antaten, dass sie über Bord sprangen – oder dass es zu Übergriffen auf die Crew der Retter gab. In höchster Not, als sich das UN-Menschenrechtskommissariat mit scharfer Kritik meldete, erlaubte man dem Kapitän endlich, einen sizilianischen Hafen anzusteuern.

Während die „Marina“ unterwegs war, schikanierten italienische Behörden die Crew des Rettungsboots „Alan Kurdi“ im Hafen von Palermo. Alan Kurdi, das ist der Name des kleinen Jungen, dessen Leiche im September 2015 am Strand des türkischen Badeorts Bodrum angespült wurde. Das Foto des Kindes, gekleidet in rotem T-Shirt, blauer

Hose und Schuhen, schockierte damals die Welt. Die „Alan Kurdi" ist ein kleines, ehemaliges Vermessungsschiff aus Beständen der DDR. Die Crew hatte damit auf ihrer Mission 150 Leben gerettet, darunter Schwangere und Kinder. Als sie in Palermo einlief, stellte man die Mannschaft zunächst unter Quarantäne, obwohl das Schiff zuvor wochenlang auf See war. Anschließend legten es die Behörden in die Ketten, wegen angeblicher Mängel. Als Grund wurde unter anderem eine defekte Glühbirne angegeben oder ein Haufen Müll, der sich während der Reise aufgestaut hatte. Die Crew hatte ihn natürlich nicht einfach ins Mittelmeer kippen wollen. Obwohl das Bundesverkehrsministerium der Festsetzung widersprach, änderte sich nichts an der Lage. Die Botschaft war: Niemand sollte gerettet werden. Und niemand macht sich noch die Mühe, diese Menschenverachtung zu verstecken.

An dieser Stelle zeigt sich, wie Ansichten von Solidarität auf See, die für Menschen in Not bedingungslos ist und Teil des gültigen Rechts, mit dem Verhalten mancher Behördenvertreter an Land kollidieren. Größer könnte dieser Unterschied gar nicht sein. Man muss sich das vorstellen: Der ehemalige Kapitän des Seenotrettungsschiffs „Eleonore", Claus-Peter-Reisch, wurde in Italien zu einer Strafzahlung von 300.000 Euro verurteilt. Sein „Verbrechen" war die Rettung von hundert Menschen, die er nach tagelanger Warterei in den Hafen von Pozzalo brachte. Ein schweres Unwetter war aufgezogen, und der Kapitän musste aus Gründen der Sicherheit für die Geflüchteten, seine Crew und seines Schiffes so handeln. Jahre später sprach ihn ein Gericht frei und hob die politisch motivierte, aber juristisch abwegige Strafe auf. Reisch twitterte: „Das Urteil zeigt: Seenotrettung und Menschlichkeit sind nie ein Verbrechen."

Im Falle von Malta wäre ich mir da nicht so sicher. Ich mag die Insel und war immer gerne in Valletta. Solange diese Praxis beibehalten wird, würde ich meinen Urlaub lieber auf einer Verkehrsinsel in Hamburg-Harburg verbringen.

„Schönwettersegeln bei leichter Brise mit Wind von achtern, das kann jeder. Es zählt, wenn ein Sturm aufzieht und es hart von vorne kommt.“

Die letzte Geschichte handelt, genau wie die erste, von Anteilnahme an der Nordseeküste. Von menschlicher Wärme, die auf einem kleinen Kutter kam. Auf der westfriesischen Insel Ameland hatte sich eine Tragödie ereignet. Um den Sonnenuntergang zu sehen, spazierte ein deutscher Urlauber mit seinen Kindern an den Strand. Sie waren erst am Tage angereist, und was er nicht wusste: Wegen der starken Strömungen hatten die Behörden eine Warnung ausgegeben, auf keinen Fall ins Wasser zu gehen.

Die Kinder liefen in die Wellen – und gerieten sofort in Schwierigkeiten. Das Mädchen, 14 Jahre alt, verschwand. Als der Vater ihr zu Hilfe eilte, war es bereits zu spät. Die Wellen hatten sie fortgetragen. Eine große Suchaktion der Seenotretter lief an, doch die Dunkelheit, die sich über die See legte, erschwerte die Bemühungen. Nach mehr als zwei Tagen intensiver Suche mit Booten und einem Helikopter gab es keine Hoffnung mehr, das Mädchen zu finden.

Ein Fischer, er heißt Robin Bouma, erfuhr über Funk von diesem tragischen Unglück. Spontan organisierte der Kapitän von Kutter „ZK47 Pieter Johannes“ eine private Suchaktion. Er wollte die Leiche des Mädchens finden, um der Familie zu helfen, ihre Trauer besser verarbeiten zu können. Zu diesem Zweck gründete er eine Gruppe auf dem Nachrichtendienst WhatsApp. Crews von zwanzig Kuttern aus der Region Groningen schlossen sich innerhalb von nur zwei Stunden seiner Aktion an.

Wenig später fuhren die Fischer vor dem Strand und zwischen den Inseln Ameland und Schiermonikoog hin und her, mit heruntergelassenen Netzen. Immer wieder durchsuchten sie mit ihren Kuttern die See. Sie konnten in dieser Zeit nicht arbeiten. Sie hatten also kein Einkommen. Ganz im Gegenteil: Sie gaben Geld für Treibstoff aus, während der Coronapandemie, die auch die Fischer Frieslands hart traf.

Auch wussten die Männer, dass sie, wenn ihre Suchaktion Erfolg haben würde, ein totes Kind aus der Nordsee bergen mussten. Eine für jeden Menschen belastende Aussicht und ein Gedanke, mit dem sich nicht viele Menschen beschäftigen möchten.

Die Fischer taten es, ohne damit in die Öffentlichkeit zu wollen. Sie taten es nur aus einem Grund: weil sie es für richtig halten.

„Es ist nur menschlich, nach dem Mädchen zu suchen", sagte mir Robin Bouma, als ich ihn anrief. Ich wollte mich bei ihm bedanken. Seine Kameraden und er fanden das Mädchen nicht. Sie wurde einige Tage später nahe einer Bohrinsel entdeckt.

Es sind Fischer wie Robin Bouma, die mir den Glauben wiedergeben. Den Glauben an Anteilnahme und Mitgefühl.

Ich wünsche mir, dass es ihn nicht nur auf See gibt.

„Ganz ruhig. Wir schaffen das!“

KAPITÄN MANFRED SCHLEIFF